CHRISTINE SCHNIEDERMANN

ICH WÜRDE JESUS MEINEN HAMSTER ZEIGEN

CHRISTINE SCHNIEDERMANN

ICH WÜRDE JESUS MEINEN HAMSTER ZEIGEN

Aus dem Glaubensalltag mit unseren Kindern

HERDER

FREIBURG · BASEL · WIEN

Für meine Familie!

Wenn nicht anders angegeben, so sind die Bibeltexte entnommen aus:

Die Bibel. Die Heilige Schrift
des Alten und Neuen Bundes.
Vollständige deutsche Ausgabe
© Verlag Herder, Freiburg im Breisgau 2005

AΩ
DIE BIBEL

Illustrationen: Sabine Hanel, Gestaltungssaal
Satz: Daniel Förster, Belgern
Herstellung: GGP Media GmbH, Pößneck
Printed in Germany

ISBN Print 978-3-451-03289-9
ISBN E-Book 978-3-451-82479-1

INHALT

WARUM SOLL MAN HEUTE NOCH SEINE KINDER IM GLAUBEN ERZIEHEN?

Weil ich denke, dass Glaube Halt geben, zum Nachdenken anregen und ein guter Lebensrat sein kann:

- Was kann ich Mitmenschen Gutes tun? (Heiliger Nikolaus, Heiliger Martin)
- Was tun, wenn ich Mist gebaut habe? (bereuen, entschuldigen)
- Wie verhalte ich mich gegenüber Schwächeren oder Ausgegrenzten? (Barmherziger Samariter, Jesus und der Zöllner)

Pragmatisch umsetzten lässt sich das Heranführen an den Glauben u. a. durch gute kirchliche Angebote: Im Krabbelgottesdienst dürfen Kinder kindlich sein; die Umzüge zu St. Martin oder das Krippenspiel sind für Kinder ganz besondere Events, die all das vereinen, was Kinder mögen, nämlich Geschichten hören und Lieder singen. Und ganz nebenbei erfahren sie etwas über das Teilen (St. Martin) oder die Menschwerdung Gottes (Krippenspiel). Auch spreche ich mit meinen Kindern über Bibelgeschichten, wir haben Rituale im Advent oder denken gemeinsam über das Fasten nach.

Die große Botschaft von Jesus ist die LIEBE und sie ist das Beste überhaupt, denn Liebe kann so viel erreichen! Dies meinen Kindern mitzugeben, finde ich sehr wertvoll und sinnvoll! Das sehen von mir befragte Freundinnen ebenso: »Zuversicht und Optimus«, »Toleranz und Offenheit« oder »ein gutes Fundament« wollen sie ihren Kindern durch den Glauben mitgeben.

Was mir noch wichtig ist, ist die Gleichberechtigung. Deutlich sage ich vor meinen Kindern, dass ich mir Frauen in allen Ämtern der Kirche wünsche. (Die Missbrauchsskandale samt Vertuschung machen mich fassungslos und lassen mich hadern.)

Für mich sind Glaube und Kirche nicht eins. Vieles von dem, was in der Bibel steht, eignet sich als Rüstzeug für den gesamten Lebensweg. Sich beim Fasten Gedanken zu machen, was man tatsächlich braucht oder welcher Verzicht Körper und Seele (weniger Handy) guttun kann, finde ich sehr lebensnah. Auch mit Kindern kann man diese Themen spielerisch und ohne erhobenen Zeigefinger entdecken.

Durch die Kinder habe ich mich wieder stärker mit dem Glauben befasst; zu zeigen, was Glauben bedeuten kann, hat unsere Familie bereichert: Von gemeinsamen Erlebnissen wie dem schönen Laternenumzug, über kuschelige Vorlesezeiten am Adventskranz bis hin zu Gesprächen über den Tod.

Christine Schniedermann
München, im Frühjahr 2021

1. TAUFE

Wollen wir unser Kind taufen lassen?

Uaahh! Das fand unser Baby gar nicht witzig! Anstatt das Weihwasser über das Köpfchen unseres Kindes laufen zu lassen, wackelte der Pfarrer mit der gefüllten Jakobsmuschelschale und das Wasser rann dem Kind über das ganze Gesicht. Fand das Baby, das ohnehin am liebsten geschlafen hätte, natürlich nicht so toll. Während der Pfarrer schnell »Ich taufe dich im Namen des Vaters, des Sohnes und des Heiligen Geistes« sprach, versuchten wir, mit Tüchern das Gesicht trocken zu tupfen. Ja, keine noch so andächtige Zeremonie ist vor Missgeschicken gefeit. Immerhin: Diese Taufe wird unvergesslich bleiben.

Die Taufe ist der Start ins christliche Leben, ein Zeichen für die Zugehörigkeit zu Gott, die Aufnahme in die Gemeinschaft der Christen. Daher finde ich es wichtig, dass sich Eltern fragen, warum sie ihr Kind taufen lassen möchten. Weil die Taufe irgendwie dazugehört? Weil es die Großelterngeneration erwartet? Weil das Kind von bestimmten Festen und Feiern nicht ausgeschlossen werden soll? Weil es den Eltern ein Anliegen ist, ihr Kind mit christlichen Werten zu erziehen? Weil das Kind Gott schon früh als Begleiter haben soll? Weil mindestens ein Elternteil getauft ist und es den eigenen Glauben weitergeben möchte? Natürlich gibt es auch ganz pragmatische Gründe für die Kindstaufe: Es gibt viele Geschenke zur Taufe und später folgen die Geschenke zur Erstkommunion. Oder die Eltern möchten dem Kind die Eheschließung vor dem Altar offenhalten.

Sein Kind taufen zu lassen, will in jedem Fall gut überlegt sein, denn mit der Taufe wird das Kind nicht nur ein Teil der Gemeinschaft der Christen, sondern auch Mitglied der Kirche – und schließlich überlegt sich auch jeder vorher, ob er Mitglied im Fitnessstudio, im Musikverein, bei einer Partei oder bei einem Fußballclub werden will. Warum mache ich das? Was verspreche ich mir für unsere Familie und für mein Kind davon? Dabei ist die Taufe natürlich noch ein viel wesentlicher und weitreichenderer Akt als der Abschluss einer Mitgliedschaft im Turnverein.

Sein Kind taufen zu lassen, ist ein Bekenntnis. Wer Mitglied beim FC Bayern München, Borussia Dortmund, Union Berlin oder Werder Bremen wird, bekennt sich zu seinem Lieblingsverein, fiebert mit (bei den Bayern weniger, sie gewinnen fast immer), lässt sich von der Stadionatmosphäre mitreißen, leidet, wenn es mal nicht so läuft, und betet seine Stars an … ja, Fußball und Kirche haben durchaus Gemeinsamkeiten.

Durch die Taufe seinem Kind einen Lebensweg mit Gott zu eröffnen, das ist ein Bekenntnis der Eltern. Auch wenn mein Mann als gebürtiger Ostberliner nicht getauft ist – was er im Übrigen aus meiner Sicht keinesfalls nachholen muss, denn es ist seine Angelegenheit –, so entschieden wir gemeinsam, unsere Kinder taufen zu lassen. Mir war es wichtig, die Kinder christlich zu erziehen, und mein Mann hatte absolut nichts dagegen. Dass unsere Kinder einmal getauft werden würden, hatten wir bereits vor unserer Hochzeit besprochen und geklärt, da es sich immerhin um ein wichtiges Thema handelt. Mein Mann ging, auch bevor wir Kinder hatten, gelegentlich mit mir zur Kirche. Mittlerweile kann er das Vaterunser auswendig. Er findet den Kern der christlichen Botschaft, die Botschaft der Liebe und Nächstenliebe, gut. Und er findet, es könne auch kulturell unseren Kindern nicht schaden, Kenntnis von der Bibel zu haben. Zwar ist er kein Atheist, aber Mitglied werden in unserem katholischen Verein, das möchte er nicht. Was für mich in Ordnung ist. Dennoch finde ich es stark, dass er die Kinder und mich auf dem christlichen Weg unterstützt.

Wie die meisten Eltern ließen auch wir unsere Kinder im Säuglings- oder Kleinkindalter taufen. Unsere Kinder waren bei ihrer Taufe einige Monate alt. Natürlich hätten wir sie wenige Wochen – oder gar Tage – nach der Geburt taufen lassen können, wie es früher durchaus üblich war. Aber das war uns ehrlich gesagt zu stressig. Stressig nicht deshalb, weil wir die perfekte Tauffeier mit farblich abgestimmten Servietten und Blümchen hätten organisieren wollen, sondern weil wir uns erst mal eingewöhnen wollten. Wir wollten die Vergrößerung unserer Familie in Ruhe genießen. Deshalb gab es bei uns in den ersten zwei, drei Wochen wirklich gar keine Besuche und ich habe meine Freundinnen später alle auf einen Schlag an einem Nachmittag zum Kaffee eingeladen. Das war ein Tipp meiner Hebamme gewesen. Jeden Tag tröpfchenweise Besuch, ständig neue Leute, ständig neue Stimmen, ständig neue Gerüche – das mache Baby und Mutter nur wuschig. Ich fand das schlüssig und wir igelten uns als Kleinfamilie zunächst ein.

Somit ließen wir ein paar Monate bis zur Taufe verstreichen. Denn so eine Taufe ist schon ein Ereignis, zu dem ja auch Verwandte anreisen und Freunde kommen. Zwar hielten wir die Tauffeiern unserer Kinder bewusst im kleineren Kreis, aber Besuch ist nun mal Besuch und immer aufregend, gerade für Babys. Doch im Alter von ein paar Monaten waren sie schon ein wenig an unsere Welt gewöhnt.

Mitunter warten Eltern auch deshalb mit der Taufe, weil sie sich selbst noch nicht sicher sind, ob sie ihr Kind überhaupt taufen lassen wollen. Um diese wichtige Frage zu beantworten, sollten sich Eltern ruhig Zeit nehmen. Vielleicht sprechen Sie mit dem Pfarrer darüber oder fragen andere Eltern, von denen Sie wissen, dass die Kinder getauft worden sind, warum sie sich dafür entschieden haben. Sich mit anderen Eltern in Erziehungsfragen auszutauschen, sich Ideen und Regeln, die auch zur eigenen Familie passen, abzuschauen, finde ich grundsätzlich gut und wichtig. Es muss nicht jede Familie das Rad neu erfinden.

Die Taufe besagt, dass der Täufling fortan zu Jesus Christus und zur großen Gemeinschaft der Christen gehört. In unserem Fall haben wir diese Entscheidung für die Kinder getroffen, aber ich kenne auch Eltern, die es den Kindern überlassen, ob und wann sie getauft werden möchten. Manche von ihnen werden dann mit zehn oder fünfzehn Jahren getauft. Ebenso haben wir Freunde, die sich im Erwachsenenalter haben taufen lassen.

Kind Gottes

Bei der Taufzeremonie wird dem Täufling dreimal Weihwasser aus dem Taufbecken über den Kopf gegossen. Das Wasser ist das wichtigste Symbol der Taufe. Es ist ein Zeichen für Reinigung und Leben. Ohne Wasser gäbe es keine Pflanzen, Tiere, Menschen. Durch die Taufe werden wir in Christus neu geboren, es ist der zeremonielle Beginn eines christlichen Lebenswegs.

Taufsteine und Taufbecken, wie wir sie heute kennen, gibt es seit dem Mittelalter. Davor wurden alle erwachsenen Täuflinge durch vollständiges Untertauchen in einem fließenden Gewässer unter freiem Himmel getauft. Einerseits, um gänzlich gereinigt zu werden; andererseits, um zu spüren, wie die negative Kraft des Wassers, die es neben der Leben spendenden Kraft ja auch gibt, einen unter die Oberfläche drücken kann, ein Symbol für das »Untergehen« im Leben, aber das Auftauchen sollte eine Art neues Leben bei Gott symbolisieren. Persönlich gefällt mir diese Idee sehr gut. Immerhin ist Jesus auch im erwachsenen Alter im Fluss Jordan getauft worden.

Bei der kleinen Tauffeier für unsere Kinder durften alle Gäste im Altarraum Platz nehmen. Das empfanden wir als sehr schön, weil wir alle dicht beieinander sein konnten und wir so eine sehr persönliche Feier direkt am Altar hatten. Wenn ein paar Leute versprengt in den Bänken einer großen Kirche hocken, wirkt es eher traurig, befremdlich und nicht so innig wie in unserem kleinen Kreis. Aber wie gesagt: Wir fanden den Vorschlag des Pfarrers passend, mit unserer Taufgemeinschaft im Altarraum sein zu dürfen. Die Tauffeiern unserer Kinder waren wunderschön und stimmungsvoll. Der Pfarrer erklärte uns jeweils etwas zu den Namen, die wir für die Kinder ausgesucht hatten, und ihren Heiligen.

Die Taufpaten spielen ebenfalls eine wichtige Rolle. Sie sind nicht nur bei der Taufe anwesend, sondern sollen ihr Patenkind ein Leben lang begleiten. Dabei war uns nicht wichtig, ob sie die Kinder möglicherweise mit Geschenken zum Geburtstag oder zu Weihnachten überhäufen werden. Wir haben Menschen in unserem Umfeld angesprochen, von denen wir glauben, dass sie Lust haben, Zeit mit ihren Patenkindern zu verbringen und für sie da zu sein. Und wenn unsere Kinder einmal älter sind, auch Fragen zu beantworten oder gute Zuhörer für sie zu sein – denn gerade in der Pubertät sind die Ratschläge der Eltern nicht unbedingt willkommen und oft uncool. Da kann es hilfreich sein, sich mit anderen nahestehenden Erwachsenen auszutauschen, die nicht gleich die hochgezogene Augenbraue von Mama oder Papa parat haben. Die Paten können unseren Kindern andere Blickwinkel eröffnen, andere Themen nahebringen. Doch wie jeder Pate sein »Amt« versteht, überlassen wir selbstverständlich ihm. Die Patinnen und Paten unserer Kinder sind sehr unterschiedliche Menschen, aber jeder in ihrer oder seiner Art großartig.

Es gibt offenkundig kaum eine noch so ernsthafte, anrührende Zeremonie ohne Situationskomik: Ein älterer Gast war der Meinung, gleich an Ort und Stelle, also noch während der Zeremonie, die nicht so gelungenen Bilder zu löschen – mit dazugehörigem Piepsen der Digitalkamera versteht sich. Interessant fand ich, dass nicht die anwesende Jugend, die sich ja vermeintlich oft in Kirchen und Theatern danebenbenimmt, aus der andächtigen Reihe getanzt war, sondern ein Mitglied der älteren Generation. Beide Tauffeiern waren sehr schöne Feiern, in deren Mittelpunkt unsere Kinder standen. Das war uns besonders wichtig und deshalb haben wir als einen der Taufsprüche auch folgenden Bibelvers ausgesucht, in dem Jesus sagte:

»Lasst die Kinder zu mir kommen, hindert sie nicht daran, denn für solche (wie sie) ist das Reich Gottes.« (Markus 10,14–16) Zu wissen, dass unsere Kinder von Gott geliebt und angenommen werden und dass er sie durch ihr Leben begleitet, war nach jeder Taufe ein gutes Gefühl. Damit begann die Reise in Richtung Glauben auf dem christlichen Pfad, hinein ins geheimnisvolle Abenteuer Gott.

Da heutzutage viele Paten in anderen Städten als das Patenkind leben, ist es nicht immer leicht, gemeinsame Zeit zu realisieren. Ideen zum Kontakthalten (falls Paten nicht längst selbst draufgekommen sind) sind z. B., die Paten zu Familienfeiern einzuladen; wenn Paten zu Besuch sind, sie mal zwei Stunden allein etwas mit dem Patenkind unternehmen zu lassen. Wenn Patenkinder älter sind, können die Paten sie auf einen Ausflug oder zu einem Wochenendbesuch einladen, sie können telefonieren, E-Mails und Briefe schreiben oder Videotelefonate führen.

Geschenkideen zur Taufe:

- Taufkerze
- Gebetswürfel
- kleines Kreuz für das Zimmer
- Kinderbücher zum Glauben

Von den Eltern sicher auch gern genommen:

- Gutscheine fürs Babysitten
- Übernachtungen bei den Paten
- gemeinsame Ausflüge

Kurz erklärt:

Die **Taufe** ist eines der sieben Sakramente der katholischen Kirche. Sie ist die feierliche Einführung in die christliche Gemeinschaft und ein Bekenntnis zu Gott. Mit der Taufe erbitten Eltern den Schutz Gottes. Wir können uns Gott zugehörig und von ihm behütet fühlen. Ein Geistlicher spendet das Sakrament. Weihwasser wird über den Kopf gegossen, begleitet von dem Satz: »Ich taufe dich im Namen des Vaters, des Sohnes und des Heiligen Geistes.« Das weiße Taufkleid wird angelegt, der Täufling mit Chrisamöl gesalbt. In alten Zeiten wurden nur Könige und Propheten gesalbt. Heute soll die Salbung symbolisieren, dass die »Königskinder« zu Jesus gehören, Gottes Segen erhalten und als einzigartiger Mensch angenommen sind. Zum Schluss wird die Taufkerze an der großen Osterkerze entzündet.

Taufpaten stehen nicht nur bei der Taufe gemeinsam mit Eltern und Kind in der ersten Reihe, sondern sollen ihr Patenkind im Glauben wie im Leben begleiten. Sie sollten den Kindern christliche Werte vermitteln, sie im Glauben unterstützen und ein Ratgeber und Zuhörer sein. Dabei spielen Geschenke zu Weihnachten weniger eine Rolle, als gemeinsame Zeit mit dem Patenkind zu verbringen und es auf seinem Lebensweg zu begleiten.

2. GEBETE

Das Gebetswettrennen

»Was gibt es heute zum Essen?« Eine hungrige Meute, bestehend aus meinen Kindern (damals im Kindergartenalter) sowie deren Freunden, polterte die Treppe hinunter und bevölkerte das Esszimmer.

»Spaghetti mit Tomatensauce«, sagte ich, was die Kinder mit »Juhu!« begrüßten. Ehrlich gesagt finde ich Spaghetti mit Sauce wenig originell. Aber wer will schon – vor allem, wenn Gastkinder da sind – kindlichen Unmut beim Anblick von Brokkoli oder Rosenkohl auf sich ziehen? Also ich jedenfalls nicht. Unsere Gäste sollen sich bei uns wohlfühlen, das gilt für die Kleinen wie für die Großen. Denn wenn Erwachsene zu Besuch kommen, überlege ich auch, was ich Genussvolles bieten kann. Genauso mache ich es bei Kindern. Und von Pasta, Pizza, Pommes können Kinder eben nie genug bekommen – auch wenn es Erwachsenen schon zum Halse heraushängt.

Alle Kinder warfen sich auf die Stühle, ich verteilte Nudeln auf die Teller. Dabei überlegte ich: Eigentlich beten wir in unserer Familie immer vor dem Essen. Ein Tischgebet gehört bei uns dazu. Damals waren unsere Kinder noch jünger und wir hatten nicht regelmäßig kleine Gäste zum Essen. Daher war ich mir unsicher, ob ich anderen Kindern unser »Tischgebet« zumuten konnte. Vielleicht kannten sie so ein Ritual nicht? Würde es sie irritieren? Würden die Freunde meine Kinder anschließend aufziehen, weil wir beten?

Der letzte Gedanke sprach eher aus mir, denn aus der Situation. Obwohl ich im katholisch geprägten Münsterland aufgewachsen bin, hatte ich mich schon früh für die Kirche und meinen Glauben vor Freunden und Klassenkameraden rechtfertigen müssen. Als Teenager bekam ich Sprüche zu hören wie: »Was? Du gehst jeden Sonntag in die Kirche? Wie öde ist das denn?« Solche Kommentare können verletzen. Vor allem in der instabilen Pubertät und gerade dann, wenn man sich selbst nicht so sicher ist, ob man jede Woche in die Kirche gehen möchte, was bei mir damals der Fall war. Als Fünfzehnjährige ist man fragil, anfällig für abfällige Kommentare und man möchte alles sein, aber um Himmels willen nicht anders als die anderen. Zumindest nicht, wenn dieses Anderssein »uncool« ist. Und Kirche war damals bei den meisten Mitschülern »uncool«.

Ein derartiges Aufziehen wollte ich meinen Kindern ersparen. Ich stand also beim Tischgebet vor einem Dilemma, das mir in meinem Leben immer wieder begegnet ist: Stehe ich zu meinem Glauben und zeige ihn auch oder verstecke ich ihn?

Nach den Nudeln gab ich Tomatensauce auf die Teller. Die Kinder quatschten munter durcheinander.

»Wir haben mit Fingerfarbe die Fenster angemalt. Ganz bunt!«

»Unsere Gruppe war im Wald.«

»Wir haben ein Eichhörnchen gesehen. Das war so niedlich.«

Die Kinder waren alle erst im Kindergarten. Das Kindergartenalter ist ein Alter, in dem alles begierig aufgenommen und nachgemacht wird. Ich entschied, meinen letzten Gedanken und die eigenen Verletzungen beiseitezuwischen und es einfach für normal zu halten, dass bei uns gebetet wurde. Was würde ich auch sonst für ein Vorbild für meine Kinder sein? Beten fällt aus, wenn Besuch da ist?

Die versammelte Mannschaft am Tisch war noch zu jung, um irgendwen wegen irgendwas aufzuziehen. Gestritten wurde nur um Spielzeug, nicht aber um Einstellungen und Überzeugungen. Ärger gab es, wenn ein Kind die anderen Bauklötze mopste. Und zwar nicht, weil ein Kind ärgern wollte, sondern weil es selbst mit den Klötzen spielen wollte. Der Unterschied liegt in der Intention.

»Wenn alle Kinder etwas auf dem Teller haben, dann beten wir. Zumindest meine Kinder und ich«, sagte ich und setzte mich. Die Gastkinder schauten sich neugierig um, was wohl passieren würde, aber niemand fragte: »Warum das denn?«

Und kein Kind kommentierte: »Mache ich nicht! Finde ich blöd.«

Ich begann mit dem Kreuzzeichen und keine dreißig Sekunden später krähte mein Kind: »Erster! Erster! Ich habe gewonnen!« und stürzte sich auf die Spaghetti. Es hatte einen kurzen Vers heruntergerasselt und ein hektisches, uneindeutiges Kreuzzeichen gemacht.

Jedes Tierlein hat sein Essen,
jedes Blümlein trinkt von dir,
hast auch uns heut nicht vergessen,
lieber Gott, wir danken dir.
(mündlich überliefert)

Die Kinder lachten und ich verdrehte die Augen, konnte mir ein Schmunzeln aber nicht verkneifen. Ein Tischgebet ist zwar kein Wettrennen, doch ich sagte nichts. Will man einem Kind ernsthaft verübeln, wenn es mittags großen Hunger hat, dass das Essen im Fokus steht? Und ehrlicherweise muss ich mir eingestehen, dass ich selbst als Kind ähnlich gedacht habe: Schnell beten und dann endlich essen.

Tischgebet – ja oder nein?

Wenn meine Kinder eine Art Gebetswettrennen veranstalten und ich selbst als Kind oftmals das Tischgebet als Hindernis auf dem Weg zum Essen angesehen habe, was gäbe es dann für einen Grund, regelmäßig zu beten? Leierten wir nicht einfach Auswendiggelerntes herunter und stierten nebenbei auf die Nudelschüssel? Bestimmt. Wenn Beten ohnehin nichts bringt, sollten wir es nicht gleich lassen? Klar könnten wir. Doch ich denke, wenn man so an jede Angelegenheit herangehen würde, dann bräuchten Sportmannschaften gar nicht erst antreten, wenn klar wäre, dass sie nicht den ersten Platz belegen. Dann bräuchten Schülerinnen und Schüler nicht lernen, wenn sie vorher wissen, dass sie keine Eins schreiben. Bringt ja nichts. Aber muss es immer der erste Platz oder die Note Eins sein?

Die Frage dahinter ist doch: Was heißt denn, »es bringt nichts«? Oder: Was soll das Tischgebet denn bringen?

Obwohl die Kinder manchmal ein Gebet runterrattern und obwohl auch ich nicht immer gedanklich bei der Sache bin, so halten wir dennoch am Tischgebet fest. Denn mit Kindern zu beten, beinhaltet für mich mehrere Aspekte: Wir tun etwas gemeinsam, wenn wir beten. Manchmal würfelt ein Kind vorab den Gebetswürfel, einen kleinen Würfel aus Holz, auf dem verschiedene Tischgebete für Kinder stehen. Manchmal reichen wir uns die Hände und beten ein besonderes Gebet, das uns an die alte Kindergruppe im Pfarrheim erinnert, in der immer vor der Brotzeit gebetet wurde. Ich finde, ein gemeinsames Gebet ist ein schöner Beginn für ein gemeinsames Essen (bis hin dazu, dass nicht jeder einfach für sich anfängt zu essen).

Und last, but not least: Die Worte »Gott« oder »Jesus« tauchen in den Gebeten auf. Gleichzeitig erinnern wir uns daran, dass wir dafür dankbar sein können, dass wir genug zu essen haben. Lust auf Spaghetti hin oder her: Wenn man selten von etwas hört, liest oder erfährt, so vergisst man es irgendwann. Es verblasst. Es ist nicht gegenwärtig.

Durch unsere Tagesgebete ist Gott im Alltag präsent. Durch die Rituale möchten wir vermitteln, dass Gott dazugehört, immer da ist. Auch wenn unser Gebet manchmal hastig runtergebet wird.

Das Nach-Tisch-Gebet

Kürzlich, also viele Jahre nach dem beschriebenen Tischgebetwettrennen im Kindergartenalter, fanden es unsere Kinder ein Experiment wert, dass wir das Gebet nach dem Essen sprechen und nicht davor. Ihr schlüssiges Argument lautete: »Wir haben Hunger.« Ob jüngere oder ältere Kinder: Das Essen steht im Vordergrund. Außerdem könne man Gott doch auch im Nachhinein für ein Essen danken, argumentierten sie. Dem stimmten wir Eltern zu. Natürlich kann man Gott nachträglich danken. Schließlich gibt es auch im Gottesdienst ein Schlussgebet nach der Eucharistiefeier.

Die Kinder machten sich Gedanken um textliche Veränderungen, und so sollte aus »haben« folglich »hatten« werden, damit es als nachgelagertes Gebet passte. »Aber dann reimt es sich nicht mehr so gut«, bemerkte unser Jüngster. Richtig. Dennoch wollten wir es versuchen.

Wir saßen gemeinsam am Tisch, reichten Schüsseln herum, begannen zu essen und miteinander zu reden. Jeder erzählte von seinem Tag, von aufregenden Erlebnissen. Der Nachtisch wurde gelöffelt. Weil es bei uns die Regel gibt, dass Kinder aufstehen dürfen, wenn alle Kinder fertig sind (sie müssen nicht auf die langsamen, quatschenden Erwachsenen warten), waren die Kinder plötzlich weg und uns fiel auf: »Mensch, wir haben das Beten vergessen.« Beim nächsten Mittagessen stellten wir klar: »Heute müssen wir an das Dankgebet nach dem Essen denken!« Allgemeines Kopfnicken. Und dennoch: Wir hatten es schon wieder vergessen.

Offenbar hatten wir uns alle derart an ein Tischgebet VOR dem Essen gewöhnt, dass wir beim Nachtisch bereits vergessen hatten, im Anschluss danken zu wollen. Oder ist es bei uns mit der Idee, Gott grundsätzlich zu danken, doch nicht so weit her? Wir gaben uns weitere Tage für das Nach-Tisch-Gebet. Fakt war aber, dass uns die Umgewöhnung von VOR auf NACH dem Essen zu beten schwerfiel. Sollen wir uns mehr Zeit für die Umprogrammierung unserer

Gewohnheiten geben oder ergibt es mehr Sinn, das alte Ritual wieder aufzunehmen?

Dass unsere Kinder den Vorschlag einbrachten, die Gebetssituation zu ändern, aber nicht abzuschaffen, zeigte mir, dass Gott für sie weiterhin dazugehört. Wenn ich also das Ritual »Tischgebet« im Kleinkindalter nicht eingeführt hätte, gäbe es heute gar keine Diskussion über das Beten und Gott wäre im Alltag weniger präsent.

Übrigens: Noch immer ist es so, dass unsere Gastkinder still zuhören, wenn wir beten. Keiner lästert. Manche machen das Kreuzzeichen mit. Wir sind aber wieder zu dem Gebet VOR dem Essen zurückgekehrt. Die andere Variante hatte einfach nicht funktioniert.

3. GOTTESDIENSTE

Krabbeln auf der Kniebank

Ich sitze vor dem Computer und sehe mir ein Video an. Der Professor erzählt etwas von »Quantoren«, »erfüllbarkeitsäquivalent« und »freie Variablen binden«. Ich habe absolut keine Ahnung, was er damit meint. Nach ungefähr einer Viertelstunde voll von Fachbegriffen schalte ich folgerichtig ab, denn es handelt sich um eine Online-Vorlesung in Informatik.

Und genau so, denke ich mir, muss es jüngeren Kindern bei einer Lesung aus der Bibel im Gottesdienst ergehen. Ich kann mir kaum vorstellen, dass vierjährige Kinder wissen, was Wörter wie »Apostel«, »prophetisch« und »Barmherzigkeit« bedeuten sollen. Für sie sind »Apostel« vermutlich das, was für mich »erfüllbarkeitsäquivalent« ist: fremde Begriffe. Auch im Evangelium oder in Gebeten finden sich Wörter, mit denen Kinder nichts anfangen können. Es ist nicht ihre Sprache. Es ist nicht ihre Lebenswelt. Es geht nicht um Lilly, die ihren Teddybären auf dem Spielplatz verloren hat, und um Tom, der ihn findet und ihr bringt. Doch genau auf dieser Ebene müsste man Kindern die Geschichten von Jesus erzählen.

Es gibt in der Bibel genügend Begriffe und Redewendungen, die auch für Erwachsene nicht leicht zu verstehen sind. Was will der Verfasser dieser oder jener Bibelstelle uns damit bloß sagen? Zumindest geht es mir so. Immerhin: Ein guter Prediger kann Lesung und

Evangelium wunderbar erklären und transportieren, was die Worte aus der Bibel uns heute noch sagen können, aber längst nicht jeder Prediger ist gut.

Für Kinder wiederum gilt: Auch gute Predigten sind für sie schwer zu verstehen.

Wenn Eltern mit ihren Kleinkindern oder Kindern im Kindergartenalter in den sonntäglichen, normalen Gottesdienst kommen, lässt sich oft Folgendes beobachten: Nachdem das erste Erstaunen, die erste Neugier darüber, wo sie sich eigentlich befinden, abgeflaut ist, werden die Kinder oft unruhig. Sie setzen sich auf die kleine Kniebank, zupfen an den Ärmeln der Eltern herum, legen sich auf die Sitzbank, schauen sich nach allen Seiten um. Das sind, wie ich finde, die relativ braven Kinder. Ihnen geht es dann wie mir mit Informatik: erst nichts verstehen, dann abschalten.

Mich stört es nicht, wenn ein dreijähriges Kind mal auf der Kniebank hockt; es hört ja im übertragenen Sinn eine Hochschulvorlesung und da ist so ein lustiges Bänkchen auf dem Boden viel spannender. Aber es gibt immer mal Blicke von anderen Gottesdienstteilnehmern, deren Mienen ein deutliches Missfallen ausdrücken. »Meine Güte, wie ungezogen die Kinder heutzutage sind. Wenn wir uns früher so benommen hätten ... Können sie nicht stillsitzen?«, höre ich sie denken. Und ich denke mir: »Nein, das können sie nicht. Die Kinder sind erst drei oder vier Jahre alt und sie haben zudem enormen Bewegungsdrang. Sitzen Sie mal lange bei einer Veranstaltung, von der Sie nichts verstehen.«

Es ist eher umgekehrt: Ein kleines Kind, das ein bisschen auf einer Bank abhängt (und nicht vollkommen stillsitzt), ist doch schon bewundernswert ruhig. Mehr kann man im Kleinkindalter kaum erwarten. Bei missbilligenden Blicken fällt mir immer eine Stelle aus dem Markus-Evangelium ein:

> *»Da brachte man Kinder zu ihm, damit er sie berührte. Die Jünger aber schalten die Leute. Als Jesus das sah, wurde er zornig*

*und sagte zu ihnen: Lasst die Kinder zu mir kommen, hindert
sie nicht daran, denn für solche (wie sie) ist das Reich Gottes.
Amen, ich sage euch: Wer das Reich Gottes nicht annimmt wie ein
Kind, wird nicht hineingelangen. Und er umarmte und segnete
sie, indem er ihnen die Hände auflegte.*« (Markus 10,13–16)

Mit meinen Kindern in der Kirche

Es liegt nicht in der Natur eines Kleinkindes, sich fünfundvierzig
Minuten kaum zu bewegen; da büxt es schon mal aus, läuft mit einem
irren Spaß in den Altarraum und wird auf leisen Sohlen von Mutter
oder Vater wieder eingefangen. Als unsere Kinder klein waren, hatte
ich oft ein Bilderbuch dabei, das den Ablauf des Gottesdienstes kurz
und mit schönen Bildern erklärte. Wenn unser Pfarrer am Ambo
stand und das Evangelium vortrug, suchte ich im Bilderbuch nach
der entsprechenden Stelle. Manchmal zeigte ich ihnen, was anschließend folgen würde. Mit dem Buch, das wir auch daheim vorlasen,
bekamen die Kinder ein Gefühl für das, was während des Gottesdienstes passierte. Und die jeweilige Buchseite zeigte den Stand des
Gottesdienstes an. So wussten die Kinder auch, wie lange es noch
dauern würde: »Ah, Danksagung. Nur noch zwei Seiten, dann ist
Schluss.« Denn ähnlich wie im Auto auf der Fahrt in den Urlaub
hörte ich ebenso in der Kirche ein: »Wie lange dauert es noch?«

Unsere Kinder haben sich in der Kirche gern Bilderbücher ange-
schaut, warum also nicht eins mitbringen? Manchmal habe ich den
Kindern auch eingeflüstert, sie können sich die Ministranten mit den
Kerzen ansehen oder zuschauen, wie Weihrauch geschwenkt wird.
Wenn »Action« in der Kirche war, sahen auch die Kinder meist fas-
ziniert zu.

Aber ich habe auch Kinder gesehen, die einen Sack voll Autos mit
in die Kirche brachten und unter der Bank einen Parkplatz errichte-
ten. »Halleluja« zu singen, während es vor einem »Brumm-brumm«

und »Tüt-tüt« macht, ist schon ein amüsantes Szenario. Hatte der Junge überhaupt wahrgenommen, dass er sich in einer Kirche befand? Wenn Kinder während des normalen Gottesdienstes gänzlich in einer anderen Welt unterwegs sind, wäre es vielleicht besser, mit ihnen einen Kindergottesdienst zu besuchen – und die Autos dann daheimzulassen.

Von kleinen Kindern kann ich nicht allzu viel Andacht erwarten, und das ist absolut in Ordnung. Mich stören Kleinkinder im Gottesdienst überhaupt nicht, selbst wenn sie mal den Eltern entkommen und durch den Gang düsen. Aber wie ist es für das Kind, wenn es sich allsonntäglich beinahe eine Stunde eher still verhalten soll und zudem sehr wenig versteht, was vorne passiert?

Für einen regelmäßigen Gottesdienstbesuch – auch mit kleinen Kindern – spricht, dass sie mit Ablauf und Inhalten immer vertrauter werden. Zum Fußballtraining geht ein Kind ebenfalls nicht nur einmal im Quartal. Zur Abwechselung besuchen wir manchmal andere Gottesdienste in anderen Kirchen. Dennoch kommt es auf die Kinder und die Familien an, wie sie ihren Gang zur Kirche handhaben wollen.

Jeder Gläubige hat seine eigene Version des gelebten Glaubens und jede Familie führt ihre Kinder anders heran. Ich musste relativ jung jeden Sonntag in die Kirche und fand es als etwas älteres Grundschulkind zuweilen sehr langweilig. Jetzt hätte ich es mit meinen Kindern genauso machen können. Ich dachte aber, es könnte zielführender sein, die Kinder nicht zu überfrachten, sondern sie kindgerechter mit Gott, Jesus und der Kirche bekannt zu machen.

Gottesdienste für Kleinkinder – und ihre Eltern

Als unsere Kinder klein waren, bin ich mit ihnen nicht jeden Sonntag in die Kirche gegangen. Ich wollte nicht, dass sie Kirche als langweiligen Zwang empfinden, denn ich glaube, das ist kontraproduktiv. Meine Idee war es, ihnen Kirche behutsam und auf kindgerechte Art näherzubringen.

Also habe ich mit ihnen Krabbelgottesdienste besucht, die sich an Kinder zwischen zwei und sechs Jahren und ihre Eltern richteten. Alle paar Wochen fand dieser Gottesdienst für die ganz Kleinen dienstagnachmittags in unserer Kirche statt. Stühlchen und Bänke wie aus dem Kindergarten wurden vor dem Altarraum aufgebaut und im Kreis arrangiert. Die Mütter, die den Gottesdienst vorbereitet haben, hatten immer eine Handpuppe, Lotta, dabei. Lotta war wie ein Maskottchen. Sie begrüßte die Kinder mit Handschlag, stellte Fragen oder erzählte etwas. In der Mitte des Kreises lagen Tücher und darauf wurden eine Bibel und eine Kerze platziert. Lotta erklärte es den Kindern so: »Wisst ihr, in dem dicken Buch stehen ganz viele tolle Geschichten über Gott und Jesus drin. Davon werden wir einige hören. Und wusstet ihr, dass Jesus auch als ›Licht‹ bezeichnet wird? Deshalb stellen wir eine Kerze in die Mitte und zünden sie an. So können wir uns vorstellen, dass Jesus bei uns ist.« Das sind Erklärungen, die jüngere Kinder leichter verstehen.

Meist wurde eine Geschichte von Jesus erzählt oder von Sechsjährigen nachgestellt. Kinder schauen anderen Kindern gern zu und plötzlich ist das Evangelium gar nicht mehr unverständlich und langweilig, sondern wie ein Kindertheater. Im Krabbelgottesdiensten werden die Geschichten eben für Kinder erzählt und erklärt. Außerdem ist es in diesem Gottesdienst überhaupt kein Thema, wenn einjährige Geschwisterkinder über ausgelegte Tücher krabbeln, nach »Lotta« greifen oder dazwischenquaken.

Ich erinnere mich, wie wir einmal mit den Kindern über den Kirchenraum und den Ablauf einer Messe sprachen. Bevor der Pfarrer einzieht, läutet ein Ministrant (oder Messdiener) eine Glocke. Die Glocke ist der Startschuss zum Gottesdienst. Ein paar Kinder, die mit ihren Eltern schon im Sonntagsgottesdienst gewesen waren, kannten die Glocke. Als es nun hieß: »Wer mag läuten?«, stürzten die Kinder zur Glocke. Einer nach dem anderen durfte kräftig ziehen und ordentlich Lärm machen. Die Kleinen waren begeistert, denn sie durften in der Kirche etwas tun, was sonst nicht möglich ist. Wenn sie wieder einen sonntäglichen Gottesdienst besuchen, erinnern sie sich vielleicht daran, dass sie selbst schon läuten durften.

Väter in die Kirche!

Nach jedem Krabbelgottesdienst gab es im Pfarrheim Kaffee, mitgebrachten Kuchen, Kekse. Die Mütter konnten quatschen, die Kinder spielen oder alle bastelten gemeinsam. Gelegentlich kamen auch Väter mit ihren Kindern dazu. Ein Vater hatte sich sogar extra freigenommen, um den Krabbelgottesdienst gemeinsam mit seinem Kind zu erleben. Das fand ich super! Glücklicherweise ändern sich die Zeiten etwas, und vielen Vätern ist es zunehmend wichtiger, am alltäglichen Leben ihrer Sprösslinge teilzunehmen. Ein Bekannter hat auf eine Beförderung und die damit verbundene Mehrarbeit – verzichtet, weil er lieber ab 17 Uhr zweimal pro Woche Fußballtrainer seines Jungen bleiben wollte. Mich freut es für die Kinder (und Frauen), wenn sich Männer mehr einbringen. Dennoch ist es im kirchlichen Engagement wie bei der Verteilung von Teilzeit- und Vollzeitjobs: Auch in der Kirche unterstützen und helfen hauptsächlich Mütter/Frauen bei Kindergottesdiensten, Erstkommunion- oder Firmvorbereitung, selten Väter/Männer. Ähnlich wie Frauen oftmals in Teilzeit arbeiten, den Haushalt am Laufen halten, sich wesentlich um die Kinder kümmern, während die meisten Männer Vollzeit arbeiten. Frauen sollen Gruppenleiterin, Organisatorin von Seniorenkaffees oder Lektorin sein, aber Priesterin oder Bischöfin dürfen sie nicht werden. Das finde ich nicht nachvollziehbar.

Beim Elternabend zur Erstkommunion saß ein Vater neben mir und meinte: »Ich würde gern eine Vorbereitungsgruppe leiten. Da aber die Gruppenstunden in der Woche nachmittags stattfinden sollen, schaffe ich das zeitlich nicht. Da bin ich im Büro.« Später dachte ich mir, dass vielleicht dieser Vater auch eine Art Blockseminar hätte anbieten können. Seine Gruppe hätte sich drei-, viermal samstags treffen können und dann gleich zwei oder drei Stunden, statt zehn Mal wochentags für eineinhalb Stunden. In manchen Pfarreien werden bereits Wochenendkurse oder einwöchige Intensivkurse angeboten, aber noch ist das die Ausnahme. Hier könnten noch mehr Pfarreien aktiv flexiblere Möglichkeiten ansprechen und Eltern, die ehrenamtlich die Gruppenleitungen übernehmen wollen, unterstützen. Ich frage mich ohnehin, wie lange dieses Konzept noch funktionieren soll und ob nicht Gemeindepädagogen den Kommunionunterricht wieder vollständig übernehmen sollten, wie es in protestantischen Gemeinden üblich ist. Viele Eltern sind gerade mit Kindern im Grundschulalter zeitlich am Limit.

Erziehung liegt in den meisten Familien überwiegend bei den Müttern, weil sie meist mehr Zeit mit den Kindern verbringen, ebenso eine christliche Erziehung. Auch wenn sich ein paar Väter allmählich in Krabbelgottesdienste vorwagen oder sie sich vorstellen können, eine Kommuniongruppe zu leiten, so dürfen sich auch die Väter herzlich gern noch mehr in die Begleitung des christlichen Weges ihrer Kinder einbringen.

Die Kleinkindgottesdienste mit anschließendem Bastelnachmittag im Pfarrheim waren für mich immer vieles: Begegnung und Austausch mit anderen Familien, gemeinsame Zeit mit dem eigenen Kind, lustiges Basteln und Spielen. Sie waren eine Mischung aus Krabbelgruppe und Kindergeburtstag mit Geschichten über Jesus und dem Erkunden des Gotteshauses.

Ich denke, wenn Eltern mit kleinen Kindern unkonventionell den Kirchenraum entdecken, dann fühlen sich die Kinder später, im normalen Gottesdienst, nicht mehr so fremd. Da Kirche auch Gemeinschaft bedeutet, fand ich die Bastelnachmittage mit den Kindern sehr schön. Die Kleinen erleben Kirche nicht als Zwang zum Stillsitzen, als langweilig oder überfordernd wie eine Informatik-Vorlesung, sondern sie hören Geschichten von Jesus, die sie verstehen, sie dürfen durch die Kirche laufen und die Glocke läuten. Krabbelgottesdienste können ein guter Einstieg für die Kleinen sein. Wenn es nicht nur ein Experiment gewesen wäre, wäre es also schlauer gewesen, mir verständlichere Videos für Anfänger anzusehen, als sofort mit einer Uni-Vorlesung in Informatik einzusteigen.

Müssen wir da hin?

Jahre später in der Post-Krabbelgottesdienstzeit: Sonntagmorgen. Die Croissants duften, eine Kerze brennt, mehrere Marmeladengläser stehen auf dem Tisch. Wir befinden uns bei einem gemütlichen Sonntagsfrühstück. Irgendwann sage ich: »Wer geht mit mir heute zur Kirche?«

Die Antworten darauf fallen unterschiedlich aus. Es gibt tatsächlich Sonntage, an denen alle – mein nicht getaufter Ehemann eingeschlossen – mitgehen wollen. Die Kinder gehen mit, weil sie Lust zu ministrieren haben, die Orgel hören wollen, in und nach der Kirche Freunde sehen wollen oder einfach finden, dass es mal wieder an der Zeit ist, in den Gottesdienst zu gehen. Mein Mann geht mit, weil er mal wieder in Ruhe einem Denkanstoß folgen möchte. Das Orgelspiel mag er auch. Wenn wir alle gemeinsam gehen, freue ich mich besonders. Wir gehen als Familie, als Einheit. Manchmal düsen die Kinder auf ihren Rollern oder dem Fahrrad in Richtung Kirche davon. Denn wenn sie für sich entschieden haben, zum Gottesdienst zu gehen, dann freuen sie sich auch drauf. Vor allem die Orgel gefällt auch unserem Sohn besonders gut. Andächtig oder fasziniert hört er zu und sollte der Zimbelstern erklingen, ein Effektregister aus Glöckchen oder Klangschalen, wendet er sich immer strahlend zur Orgel um. Ein Gottesdienst ist mit seinem Wort nicht nur etwas für den Geist, sondern mit der Musik, den feierlichen Riten und den farbenprächtigen liturgischen Gewändern auch eine sinnliche Erfahrung. Kinder begreifen dies durchaus.

Aber es gibt auch die total gegenteiligen Sonntage. Dann sind die Antworten (oder Fragen) diese:

»Nein!«

»Heute auf keinen Fall!«

»Müssen wir dahin?«

Und: »Können wir nicht nächste Woche gehen?«

So ein Sonntag hat mich einmal eiskalt erwischt, als ich angenommen hatte, dass mich zumindest einer aus der Familie ganz sicher begleiten würde. An so einem Sonntag vor ein paar Jahren war ich ziemlich sauer. Ich fand die Antworten meiner Lieben doof. Doch ich hatte keine Lust, gegen diesen kollektiven Widerstand zu argumentieren.

Wenn sie keinen Bock hatten, womit hätte ich sie ködern sollen? Etwa mit: »Wenn du zur Kirche gehst, bekommst du nachher ein schönes Eis.« Auf keinen Fall! Ich besteche niemanden mit Essen, mit Süßem schon gleich gar nicht. Oder sollte ich den Kindern ein schlechtes Gewissen machen? »Wenn du nicht in die Kirche gehst, wird der liebe Gott ganz traurig sein.« Diese Sätze fielen früher bei Großtanten oder Großeltern gelegentlich. Das fand ich als Kind wenig hilfreich. Meinen Kindern wollte ich solche Sätze ersparen, keinen Psycho-Druck ausüben. Und »den lieben Gott« nenne ich ihn sowieso nicht.

Jedenfalls machte ich mich auf den Weg zur Kirche und war ziemlich angefressen. Warum wollte mich heute keiner begleiten? Die Enttäuschung darüber konnte ich nur schwer beiseiteschieben. Das ist eigentlich keine gute Voraussetzung für eine andächtige Feier des Gottesdienstes.

Wenig später setzte ich mich in eine Bank, betrachtete den Altarraum, das Kreuz und ließ die Atmosphäre auf mich wirken. Ich atmete tief ein und wurde ruhiger. Es heißt, vor und zu Beginn des Gottesdienstes darf man mit seinen Sorgen und Fehlern vor Gott treten. Im Gebet kann ich mit Jesus sprechen. Wie mit einem Freund.

»Heute fühle ich mich mies«, sagte ich ihm still. Meine Gedanken kreisten um meine Enttäuschung und meinen Ärger. Ich liebe meine Familie und möchte nicht ärgerlich sein. Aber diese Emotionen gehören nun mal zum Menschen. Gott weiß, dass wir Fehler machen. Er bietet an, sich darüber klarzuwerden und zu versuchen, es besser zu machen.

Während ich in der Kirche über die Situation am Frühstückstisch und meine Gefühle nachdachte, musste ich mir eingestehen, dass meine Enttäuschung mit meinen eigenen Erwartungen zusammenhing. Ich war davon ausgegangen, dass mich einer begleiten würde, und war überrascht gewesen, als dies nicht der Fall war. Mit der Ruhe in der Kirche und dem Abstand zur Situation konnte ich es klarer sehen, verstehen und akzeptierte ihre Einstellung. An diesem Sonntagmorgen tat mir der Gottesdienst besonders gut und ich ging entspannt heim. Als ich gerade die Tür aufgeschlossen hatte, sprangen mir die Kinder entgegen und riefen fröhlich: »Nächste Woche gehen wir mit dir mit, Mama!«

Sonntagseinladung statt Sonntagspflicht

Hat ein Katholik die Pflicht, sonntags den Gottesdienst zu besuchen? Streng genommen ja, denn im Kirchenrecht heißt es: »Am Sonntag und den anderen gebotenen Feiertagen sind die Gläubigen zur Teilnahme an der Messfeier verpflichtet.« Wer ohne zwingende Gründe (wie Krankheit oder das Betreuen kleiner Kinder) dem sonntäglichen Gottesdienst fernbleibt, begehe eine »Verfehlung«. Diese Erläuterungen findet man zur »Sonntagspflicht«, die auch »Sonntagsgebot« genannt wird. Für mich hört sich das sehr krass an. Bedrückend. Ich sehe einen erhobenen Zeigefinger. Diese Art der (Amts-)Kirche, die zuweilen mit Druck, Verboten, schlechtem Gewissen arbeitet, diese Art mag ich nicht. In die Kirche möchte ich nicht gezwungen werden. Ich möchte freiwillig gehen.

In meiner Kindheit gingen wir jeden Sonntag zur Messe, gemeinsam mit den Eltern und den Großeltern. Das machte man so. Warum? Hat mir niemand erklärt. Nicht mal das Wort »Sonntagspflicht« fiel. Es hieß nur: »Sonntags gehen wir in die Kirche.« Punkt. Das wurde nicht hinterfragt.

Da ich als Kind nicht verstanden habe, warum ich in die Kirche muss, und es zu großen Teilen auch langweilig fand, hatte ich mir als Mutter vorgenommen, meine Kinder nicht zu zwingen. Ich setzte auf Anreize (Krabbel- und Kindergottesdienste mit Handpuppen und Schauspiel) und Freiwilligkeit. Kein Druck.

Verteidiger der Sonntagspflicht sehen diese als Stütze. Sie sagen, dass man sich eher aufrafft, wenn man eine Pflicht hat. Sonst würde es beliebig, würde jeder lieber auf der Couch abhängen. Die Argumente kann ich nachvollziehen. Gäbe es keine Schulpflicht, sähen sicher nicht alle Kinder einen Sinn im frühen Aufstehen und dem täglichen Lernen. Dennoch sehe ich es etwas anders, wenn es um den Glauben geht. Ich gehe in die Kirche, weil ich Lust darauf habe, Gott nah zu sein, und Texte aus der Bibel hören möchte. Gottesdienste sind für uns wichtig, aber nicht jeden Sonntag, außer in der Adventszeit.

Außerdem übersehen viele, dass das »Sonntagsgebot« noch einen zweiten, sehr wichtigen Teil hat. Dort heißt es im Kirchenrecht: Die Gläubigen »haben sich darüber hinaus jener Werke und Tätigkeiten zu enthalten, die den Gottesdienst, die dem Sonntag eigene Freude oder die Geist und Körper geschuldete Erholung hindern.« Es soll am Sonntag also auch um die Freude gehen!

Statt einer strengen Sonntagspflicht gibt es in unserer Familie eine Sonntagseinladung: Niemand ist verpflichtet, aber alle sind eingeladen.

4. ADVENT, ERSTER VERSUCH

Advent perfekt!

Zum Stichwort »Advent« fällt mir immer so viel ein, dass ich gar nicht weiß, wo ich anfangen soll. Plätzchen, Türchen, Kerzen, Kranz, Vorfreude, Gemütlichkeit, Hektik, Nikolaus, Geschenke, Gewusel, Deko, Weihnachtsfeiern, Spenden, Gottesdienste, Konsum, Geschichten, Konzerte, Lichterketten, Weihnachtsmärkte, Singen … Die Liste ließe sich um etliche Begriffe erweitern und die Reihenfolge der Wörter beliebig austauschen. Sicher hat jeder sofort bestimmte Bilder im Kopf, wenn er (oder sie) an den Advent denkt. Diese Bilder und Vorstellungen mögen variieren, aber ist es nicht eigenartig, dass bei den meisten Menschen sich zwei Wahrnehmungen in Bezug auf den Advent diametral gegenüberstehen? Kuschelige Harmonie versus gehetzten Einkaufsstress.

Einige Freundinnen (und ich) stöhnen alle Jahre wieder:

»So voll wie in diesem Jahr war mein Kalender noch nie!«

»Wir haben so viel zu erledigen; ich weiß gar nicht, wie ich das alles bis Weihnachten schaffen soll!«

»Jetzt muss ich auch noch zu dieser blöden Weihnachtsfeier, auf die ich überhaupt keine Lust habe.«

Und gleichzeitig wünschen sich die meisten:

»Mehr Zeit für die Familie.«

»Besinnliche Stunden.«

»In diesem Jahr möchte ich den Advent aber mal richtig genießen. Ohne diesen ganzen Vorweihnachtsstress.«

Und dann wird das wieder nichts, weil sich ein weiteres To-do (noch eben schnell Karten schreiben, noch eben schnell den Nachbarn Plätzchen bringen, noch eben schnell …) auf die Liste gedrängelt hat, um das Vorweihnachtsfeeling perfekt zu machen.

Komm, wir basteln Weihnachtskarten

Vor Jahren, als meine Kinder noch jünger waren, war ich noch nicht richtig eingegroovt in meiner neuen Rolle als hauptamtliche Mutter. Ich schrieb noch gelegentlich, aber die Freiberuflichkeit trat hinter das Mom-Sein zurück. Selbst gewählt. Und ich sag's gleich: Hausfrau bin ich echt nicht gern. Klar, ich habe es auch gern aufgeräumt (Schuhsalate im Flur und Spielzeug in wirklich jeder Ecke unseres Zuhauses nerven mich), aber ich bin nicht putzsüchtig. Den enorm vielen großen Wäschebergen rücke ich pragmatisch zu Leibe: alles in den Trockner, bügeln fällt aus. Spart enorm viel Zeit. Denn neben dem Schreiben bin ich am liebsten Mama. Unsere Kinder zu ihrem Sport und zu den Turnieren zu fahren, mache ich gern. Ihnen Geschichten vorzulesen, mit ihnen zu puzzeln, mit ihnen Hörspiele und Podcasts zu hören, ihnen bei den Hausaufgaben zur Seite zu stehen, Mandalas auszumalen, Musiknoten mit ihnen zu lernen, ins Museum zu gehen, Diskussionen zu interessanten Themen zu führen, zu kniffeln, zu mau-mauen und zu trivial-pursuiten – all das mache ich sehr gern. Ach ja, auch vor einer coolen Serie abzuhängen, mache ich mit den Kindern gern. Unser gemeinsamer Favorit: *Modern Family*.

Doch zu Beginn meines Jobs als Mutter (und irgendwie plötzlich auch als Hausfrau) waren mir meine Stärken und Schwächen in diesem neuen Gebiet noch nicht bewusst. Meine Wochen in den

Jahren vor den Kindern sahen ungefähr so aus: Vollzeit arbeiten mit Überstunden, samstags Einkauf und ein bisschen Staub saugen – Ende der Hausarbeit. Wenn sich die Aufgaben des Alltags durch Kinder plötzlich um 180 Grad drehen, ist das sehr gewöhnungsbedürftig und ich war blöd genug, mir selbst die Latte für eine wunderbare Adventszeit mit kleinen Kindern sehr hoch zu legen. Ich hatte romantische Vorstellungen vom harmonischen Plätzchenbacken, von einem großartig dekorierten Wohnbereich, von besinnlichen Adventsgottesdiensten und von rührenden Geschichten bei Kakao und Kerzen, wenn draußen die ersten Schneeflocken stoben. Ich wollte Glanz und Wärme, ich wollte verzaubernde Vorfreude auf das Weihnachtsfest, ich wollte kuschelige Familienzeit. Und ich wollte Lichterketten im Wohnzimmer im Wohlfühl-Style, ich wollte allen Verwandten selbst gemachte Kekse präsentieren und ich wollte Freunden selbst gebastelte Karten, hergestellt von den Kindern und mir, senden.

Zu viel gewollt. Denn als die Kinder in dem Alter waren, dass sie eine besondere Vorweihnachtszeit allmählich wahrnehmen und ein wenig gestalten konnten, hatte ich mir zu viel auf die Liste gepackt. Ich backe nicht so wahnsinnig gern (mit dem Kochen habe ich mich mittlerweile arrangiert) und ich kann überhaupt nicht basteln! Beste Voraussetzungen also für meine Idee: »Mit den Kindern mache ich mal einen richtig schönen, kreativen Advent!«

Hoch motiviert besorgte ich Ausstechförmchen und suchte ein einfaches Rezept heraus. Wir legten los: Mehl auf die Arbeitsfläche, Teig ausrollen, ausstechen. Zudem hatte ich Schokoladenkuvertüre und silberne und bunte Streusel zum Verzieren besorgt – und das war nur das Minimalprogramm. Andere fahren da ganz andere Zutaten auf. Wahnsinnig harmonisch stellte ich es mir vor, mit meinen Kindern zu backen, zu pinseln und zu streuseln.

Neugierig pulten meine Kleinen im Teig herum. Fühlte sich beinahe so schön an wie Knete. Es wurde in aller Seelenruhe probiert und gematscht. »Okay«, dachte ich (mit einem gedehnten »ay«) irgendwann unruhig, da mein Zeitplan außer Kontrolle zu geraten drohte, »jetzt aber ausstechen.« Ja, das machten sie dann auch. Bis im Surround-Sound geplärrt wurde: »Ich will jetzt auch mal den großen Stern haben!« Und: »Die futtert viel mehr Teig als ich! Das ist unfair!« – »Gar nicht!«

Teig landete auf dem Fußboden, Mehl staubte durch die komplette Küche und beim anschließenden Bepinseln mit Schokolade und Bestreuseln der Plätzchen sagten die Kunstwerke eindeutig aus, dass die Künstler schnell fertig werden wollten, weil ihnen nach stundenlangem Ausstechen die Konzentration für die Verzierung abhandengekommen war. Denn besonders hübsch war kein Keks. Ich seufzte, raufte mir mit einer mehligen Hand die Haare, entließ die Nachwuchsbäcker und saugte erst mal die gesamte Küche.

Neuer Tag, neue Aufgabe. Für diesen Nachmittag standen Weihnachtskarten auf dem Plan. Auf farbigen Karten (wie Tonpapier) sollten die Kinder sich mit farbigen Stiften künstlerisch austoben. Dann wollte ich Bastelkleber auf der Vorderseite verteilen und die Kinder konnten Glitzer auf die Klebestreifen rieseln lassen. (Glitzer geht immer – zumindest im Kindergartenalter, danach wird es irgendwann uncool.) Vor allem das Bestäuben der Karten mit Glitzer gefiel meinen Kindern unheimlich gut. Die Hälfte landete auf dem Fußboden, welcher bald aussah, als habe er eine Ladung Kunstschnee abbekommen.

»Immerhin«, dachte ich, »ich bin zwar nicht gut im Basteln, aber das, was wir hier gemeinsam veranstalten, macht allen Spaß! Mal abgesehen vom Kehren des Bodens im Anschluss, was natürlich meine Aufgabe sein wird.«

Es folgten Nachmittage mit Adventsfeiern, heimliches Besorgen der Geschenke, Kuchen backen für ein Fest des Kindergartens, Gang zum Weihnachtsmarkt mit dem Elternbeirat, Geschenkkiste für Kinder in ukrainischen und rumänischen Kinderheimen herrichten (eine Aktion unserer Kita und unserer Grundschule), Nikolausfeier im Sportverein und ähnliche Zusatztermine zu dem üblichen Kinder-Job-Sport-Wäsche-Chaos, das ohnehin schon zu Normalzeiten in Familien herrscht.

Stress in der stillen Zeit

In der Rushhour des Lebens, also grob in den Jahren zwischen dreißig und fünfzig, in denen Eltern bis zum Untergehen beschäftigt sind mit Job, Ehe, Kindern, Wohnung, legen die zahlreichen Rushhours des Advents noch einen Zahn zu. Jedes Jahr vergeht zügiger, jeder Advent ist rascher vorbei. Kann es sein, dass wir auf der Suche nach der perfekten Vorweihnachtszeit uns in übertriebenen Erwartungen verhaspeln? Dass wir möglichst viel Gemütlichkeit durch möglichst viel Hektik erzeugen? Dass die Adventszeit auch wahrhaftig nur dann perfekt ist, wenn wir uns um jeden Aspekt erschöpfend gekümmert haben?

An einem Sonntag vor Weihnachten wollte ich dann endlich mal in Ruhe dem Gottesdienst folgen. Doch ausgerechnet in dieser Stunde der Besinnung und Vorfreude machte mir mein Sohn einen Strich durch die Rechnung, indem er weit unruhiger und quengeliger war, als er sich normalerweise in der Kirche verhielt. Ich war verärgert. Kann man in der Adventszeit nicht einmal Ruhe in der Kirche haben? Das Thema Kinder und Gottesdienste habe ich ja schon beschrieben. Nein, konnte ich nicht.

Später dachte ich, dass die Unruhe meines Sohnes womöglich an meiner eigenen Unruhe gelegen haben musste, die ich seit dem 1. Dezember, seit dem Startschuss für die »echt besinnliche Zeit«, an den Tag gelegt hatte, weil ich schnell jede Hürde bis Weihnachten nehmen wollte.

Übrigens: Die Plätzchen waren verputzt, bevor ich sie in kleine, schmucke Tüten abpacken und der Verwandtschaft schenken konnte. Und für einen dritten Backnachmittag (wir hatten nur zwei veranstaltet) fehlten mir Zeit und vor allem Nerven. Für die Weihnachtskarte mit dem Glitzer bedankte sich eine meiner Freundinnen so: »Nach dem Öffnen des Umschlags rieselte alles raus. Ich musste erst mal den Staubsauger holen und die Krümel aufsaugen.« Okay ... sie hat sich vielleicht nur bedingt gefreut.

Lichterketten gab es in dem Jahr keine, weil ich es nicht mehr geschafft hatte, sie zu besorgen, und an Heiligabend war ich völlig fertig. Dann wurde ein Kind krank; Kinder werden ja grundsätzlich nachts, im Urlaub, am Wochenende oder an Feiertagen krank. Und so ging ich allein mit unserer Tochter zum Krippenspiel ins Pfarrheim.

Als es dann nach Weihnachten endlich ruhiger wurde, machte ich mir Gedanken. Warum war meine Adventszeit derart aus dem Ruder gelaufen? Warum hatte ich das Gefühl gehabt, an Weihnachten total gestresst und überhaupt nicht entspannt gewesen zu sein? Warum war der Heiligabend zum Endpunkt eines irren Rennens und nicht zum Höhepunkt der Freude geworden?

Bei all dem Trubel und den Terminen war mir die eigentliche Bedeutung des Advents völlig abhandengekommen. Besinnliche Vorfreude hatte es bei mir kaum gegeben. Auch wenn jede einzelne Aktion, egal ob Backen oder Basteln, irgendwie schön gewesen war, so war ich vor lauter Stress doch nur halbherzig bei den Kindern gewesen, weil in meinem Kopf die Liste rauf und runter ratterte, was ich noch alles zu erledigen hatte. Die schönste Stunde dieses besagten Advents war gewesen, als ich den Kindern Anselm Grüns »Weihnachtsgeschichte« und Geschichten aus Astrid Lindgrens »Weihnachten« vorgelesen hatte. Ich nahm mir für die kommenden Jahre vor, dass das nicht so bleiben konnte. Der Stress, die Hektik, die Überforderung – all das musste raus aus dem Advent.

kurz erklärt:

Advent bedeutet »Ankunft«. Die vierwöchige Adventszeit ist eine Zeit der Vorfreude auf die Geburt Jesu, also das Weihnachtsfest. Weil der Advent auch eine Zeit der inneren Vorbereitung sein soll, wurde bis vor gut hundert Jahren in katholischen Familien sogar gefastet – was man angesichts der vielen Leckereien auf Weihnachtsmärkten und in Keksdosen kaum noch glauben kann. Mit dem ersten Advent (immer der vierte Sonntag vor Weihnachten) beginnt das neue Kirchenjahr.

5. NIKOLAUS

Kein Nikolaus im Haus ... zumindest nicht in Person

Der Magen krampft, die Hände werden feucht, das Herz rast. Wird er bald kommen und streng schauen? Wird eine tiefe Stimme dröhnen? Muss ich vortreten und ein Gedicht aufsagen? Was passiert, wenn im goldenen Buch nichts Gutes steht? Gibt es Ärger?

Es pocht donnernd. Eine tiefe Stimme schallt in den Flur: »Wo sind denn die Kinder?« Und ich halte den Atem an. Zwei Männer, verkleidet als Nikolaus und Knecht Ruprecht, betreten das Wohnzimmer meiner Eltern und ich hoffe inständig, dass der Spuk möglichst schnell vorbei ist.

Noch heute laden Eltern verkleidete, lebendige Nikoläuse für ihre Kinder ein. Für viele Familien gehört es dazu und sie wollen diesen Brauch im Kreise ihrer Lieben pflegen. Das kann ich sehr gut nachvollziehen. Es mag Kinder geben, die gespannt auf den Nikolaus und seine Geschenke warten; es mag Kinder geben, die gern die Bühne nutzen, um anderen zu zeigen, was sie gelernt haben. Für diese Kinder ist ein Besuch des Nikolaus eine wunderbare Sache.

Aber ich habe nie einen Nikolaus für die Kinder eingeladen. Denn meine Erinnerungen an die Nikolaus-Begegnungen waren für mich kein Spaß. Und zwar nicht deshalb, weil ich ein »unartiges« Kind gewesen war und keine Süßigkeitentüte bekommen hatte, sondern weil ich das nervöse Herzrasen davor nicht leiden konnte, weil ich nicht vor fremden Leuten ein Lied oder ein Gedicht vortragen wollte und weil ich diese verkleideten Herren irgendwie gruselig fand.

Doch die Figur des Nikolaus ist keinesfalls gruselig, sondern vorbildlich und interessant. Daher wünschte ich mir für meine Kinder einen positiveren Zugang zu diesem Heiligen. Also: kein Nikolaus in unserem Haus.

Kurz erklärt:

Der **historische Nikolaus** lebte in der Stadt Patara (heute Türkei) im 3./4. Jahrhundert nach Christus. Er wurde erst zum Priester und später zum Bischof von Myra ernannt. Um Nikolaus, einen der bekanntesten Heiligen, haben sich im Laufe der Jahrhunderte viele Legenden und Bräuche entwickelt. So sagt man, dass Nikolaus, der vermögend gewesen sei, drei armen Töchtern heimlich Gold schenkte, indem er nachts Goldklumpen durch die Fenster in das Elternhaus warf, um sie so vor dem Verkauf als Sklavinnen zu bewahren. Daraus entwickelte sich der Brauch, dass Kinder nachts Stiefel oder Teller aufstellen, in der Hoffnung, der Nikolaus würde ihnen etwas bringen. Eine andere Legende erzählt, dass er die Stadt Myra vor einer Hungersnot bewahrte. Nikolaus war gütig und half vor allem Armen und Kindern. Der 6. Dezember ist der Gedenktag des Heiligen Nikolaus.

Mit unseren Kindern feiern wir natürlich trotzdem Nikolaus, obwohl wir keinen verkleideten Menschen zu uns einladen. Wir lesen ihnen die Geschichte vom Nikolaus vor (es gibt viele schöne Bilderbücher) und sprechen mit ihnen darüber. Die Erzählungen vom Nikolaus eignen sich, ähnlich wie die Geschichte vom heiligen Martin, hervorragend, um Kindern Beispiele zu geben, wie man teilen oder helfen kann. Jesus hat den Menschen durch sein Handeln gezeigt, wie man anderen Gutes tun kann. Heilige sind seinem Beispiel gefolgt und wir Erwachsene können Kindern eben auch mit diesen Geschichten nahebringen, dass es in einer Gesellschaft wichtig ist, sich auch um andere zu kümmern.

Unsere Kinder stellen am Vorabend des 6. Dezembers ihre Winterstiefel vor ihre Zimmertüren.

»Ich kann abends immer so schlecht einschlafen und bin morgens viel früher wach«, beschrieb unser Kind einmal die Aufregung und die Vorfreude.

Diese wunderbare Vorfreude haben sie immer noch, obwohl unsere Kinder mittlerweile wissen, dass der Schoko-Nikolaus (und meist sieht er wie der Weihnachtsmann aus, da es kaum noch Schokofiguren gibt, die den Nikolaus als Bischof mit Stab und Mitra zeigen) »nur« eine mittlere Größe haben wird, die Vorweihnachtszeit bietet genügend Naschstoff. Dazu schenken wir ihnen eine Kleinigkeit, die wir in den zweiten Stiefel legen. Und auch das wissen sie längst: Die Eltern beschenken des Nachts die Kinder und nicht etwa eine Geisterform des Nikolaus.

Unsere Große bemerkte einmal, dass es in der Schule zu den Nikolaus-Geschenken oder den Schoko-Bergen manchmal eine wahnsinnige Angeberei gäbe, was sie blöd fände. Aber Kinder sind so, sie messen sich, stehen im Wettstreit. Allenthalben hört man gängige Sätze:

»Ich bin aber schneller als du!«

»Ich habe eine große Schwester und du nicht.«

»Mein Fahrrad hat sieben Gänge!«

»Fünf Nikoläuse habe ich bekommen, und die sind riesig!«

Kinder müssen sich und ihren Platz in der Welt erst finden. Selbstverständlich wollen Kinder gemocht, akzeptiert, bewundert werden wie wohl jeder von uns. Denn Hand aufs Herz: Welcher Erwachsene hat nicht gelegentlich sein Können, seine besonderen Erlebnisse oder seinen Besitz in den Vordergrund gerückt? Das ist menschlich und je nach Charakter unterschiedlich ausgeprägt.

Gerade die Geschichten von Heiligen können einen Blick auf bestimmte Verhaltensweisen richten. Kinder verstehen diese Geschichten sehr gut. Warum feiern wir eigentlich Nikolaus? Weil er sich um Kinder und Arme gekümmert hat und weil er abgegeben und geteilt hat. Mit diesem Verhalten folgte er Jesus nach, der seinerseits wenig besessen und den Menschen so viel gegeben hat.

Für Erwachsene bietet sich ebenso die Gelegenheit, über ihr Tun nachzudenken, wenn sie mit den Kindern über Nikolaus und Martin sprechen. Dabei geht es mir gar nicht um die Heiligenverehrung, sondern die Geschichten um Nikolaus und Martin sollen Vorbildfunktionen haben. Die Einstellungen und Sichtweisen von Jesus, transportiert über die Jahrhunderte durch Heiligenerzählungen, wirken bis heute. Das ist der rote Faden, den ich sehe und den ich an die Kinder weitergeben möchte. Wo kann jeder im Kleinen helfen? Habe ich etwas, das ich mit jemandem teilen kann? Wo sehen wir Prominente, die sich einsetzen – mögen sie an einen Gott glauben oder nicht? Nikolaus und Martin können ruhig wie heutige Prominente betrachtet werden, die etwas Gutes getan haben, das zum Nachahmen anregt. Die Traditionen, die sich im Laufe der Zeit um die Ehrentage der Heiligen entfaltet haben – gefüllte Stiefel, bunte Laternenumzüge – stehen so natürlich ebenso wenig in der Bibel wie die Heiligenlegenden. Dennoch können Gedenktage gute Anhaltspunkte zum Nachdenken über das eigene Tun sein.

Der Geschichte nach war Nikolaus vermögend, hat damit aber nicht geprahlt, sondern verschenkte das Gold an die, die es nötiger brauchten als er. Übersetzt in die heutige Zeit könnte man Kindern erzählen: »Der Nikolaus hatte so viel Geld, dass er sich sicher einen Ferrari hätte kaufen können. Hat er aber nicht gemacht, sondern er hat etwas denen gegeben, die sich nicht so viel leisten können.« Also: Welches Kind braucht schon fünf Schoko-Nikoläuse? Kann es einen verschenken an jemanden, der keinen bekommen hat? Könnten Eltern mit Verwandten, Großeltern, Nachbarn – wo auch immer Nikoläuse herkommen – besprechen, im kommenden Jahr weniger zu verschenken? Es könnte beispielsweise jedes Jahr abwechselnd jemand den Kindern einen Nikolaus schenken: einmal die Oma, einmal die Eltern, einmal die Paten.

Den Kindern möchte ich auf keinen Fall den Schokoladenmann (und ein kleines Präsent wie eine CD, ein Malbuch, Bastelknete) nehmen – dafür schmeckt Schokolade einfach zu gut und sie freuen sich so sehr. Aber auf die Dosis kommt es an. Und darauf, vor lauter Geschenke-Event nicht den eigentlichen Anlass zu vergessen.

Übrigens: Lange war der Nikolaus der Gabenbringer für die Geschenke und nicht das Christkind. Doch der Reformator Martin Luther legte Wert darauf, dass das Christkind die Geschenke bringt. Er lehnte die Heiligenverehrung ab und wollte so den Blick wieder mehr auf Weihnachten und die Geburt Jesu richten.

Und: Der in vielen Ländern bekannte Weihnachtsmann (oder Santa Claus) ist als eine Art Märchen aus den Geschichten um den Nikolaus hervorgegangen. Er wird mit Rauschebart und in einem rot-weißen Gewand dargestellt und beschenkt die Kinder an Weihnachten. Er ist aber weder Nikolaus noch Christkind und auch keine Erfindung von Coca-Cola.

6. ADVENTSKALENDER

Türchen, Säckchen, Päckchen

Im Herbst, kaum dass spätsommerliche Menschen ihren Urlaub hinter sich haben, geht es los! Wenn die Temperaturen wieder sinken, kommen zunehmend Vorweihnachtsutensilien in die Geschäfte. Seit Jahren frage ich mich, weshalb ich an schönen und warmen Septembertagen Dominosteine und Lebkuchen kaufen soll, aber das ist eine andere Geschichte.

Ebenfalls deutlich vor dem ersten Dezember rüsten die Händler mit Adventskalendern auf. Dabei ist der 1. Dezember nur der klassische Starttag des kalendarischen Adventskalenders; es gibt nämlich auch den kirchlichen, der ab dem 1. Adventssonntag beginnt (der auch im November liegen kann) und manchmal bis Dreikönig (6. Januar) gilt.

Mittlerweile ist daraus eine richtige Industrie erwachsen. Es gibt Adventskalender mit Spielzeug, Büchern, Parfum, Tee, Bier, Gewürzen, Schmuck, Wein, Kinderrätsel, Bio-Saatgut, Wurst oder erotischen Spielereien. Die Liste ließe sich endlos fortsetzen.

Grundsätzlich bin ich ein absoluter Fan von Adventskalendern! Sie verkürzen vor allem den Kindern das Warten auf Weihnachten; sie sind ein Highlight in der Adventszeit; sie bringen Freude und Überraschungen. Aber gerade wer die Qual der Wahl hat, tut sich mitunter schwer, den richtigen Adventskalenderweg im Gestrüpp der vorweihnachtlichen Möglichkeiten zu finden.

Von Bekannten hatte ich einmal erfahren, dass die Kinder von allen Omas, Onkeln, Tanten und auch Nachbarn mit Schoko-Kalendern bedacht worden waren. Jeder wollte den lieben Kleinen eine Freude machen, was absolut nachvollziehbar und berechtigt ist. Doch die Eltern brachen stöhnend unter den Schoko-Massen zusammen. Die Schokolade von den »nicht geschafften« Kalendern und überzähligen Nikoläusen wanderte dann nach Weihnachten in einen Brownie-Teig.

Ein anderes Mal waren wir zu Gast in einem Haus, durch dessen Wohnzimmer sich eine lange Schnur spannte. An dieser Schnur hingen kleine, aber auch wirklich große Päckchen. Stolz verrieten mir die Eltern, sie hätten auf einem Flohmarkt wahnsinnig günstig Spielzeug, Lego und Kinderbücher erstanden, diese in Geschenkpapier gewickelt und aufgehängt. Dieser Kalender war unbestritten aus bester Absicht und liebevoll kreiert worden. Gleichwohl fragte ich mich, wie die Eltern den Berg aus vierundzwanzig Geschenken im Adventskalender anschließend an Heiligabend noch toppen wollten. Mountainbike, Playstation, Hochbett? Und zum achtzehnten Geburtstag gibt es dann einen Porsche?

Zudem wusste das beschenkte Kind ja nicht, dass seine Eltern die Spielsachen günstig auf einem Flohmarkt erstanden hatten. Bis zu einem gewissen Alter haben Kinder keine Vorstellung von Geld, Wert und Kosten. Klar können wohlhabende und vermögende Familien argumentieren, dass sie sich teure oder viele Geschenke leisten können. Und ganz sicher wollen alle Eltern ihren Kindern nur etwas Gutes tun, die Kinder strahlen sehen, wenn sie ein heiß ersehntes Lego-Paket öffnen. Welche Eltern freuen sich nicht über leuchtende Kinderaugen?

Aber wie viele Geschenke machen glücklich? Fünf, zehn, zwanzig? Es ist eine total banale Beobachtung und Gegenstand zahlreicher Forschungen, dass wer mehr hat, oft noch mehr will und trotzdem nicht zufrieden ist. Oder: Wer viel hat, fühlt sich dennoch nicht glücklich, da bei der Frage, was Menschen als »Glück« empfinden, meist zwischenmenschliche Beziehungen oder anderen etwas Gutes zu tun eher im Vordergrund stehen, als möglichst viel zu konsumieren.

Auch wenn wir uns heute angesichts der vielen Weihnachtsmärkte und verlockenden Süßigkeitenregale kaum noch vorstellen können, dass der Advent früher eine Fastenzeit war, bietet die Adventszeit durchaus die Möglichkeit, nachzudenken und sich zu fragen, was wichtig ist. Auch in der Adventskalenderfrage. Wollen wir unsere Kinder mit Schokolade vollstopfen, obwohl wir wissen, dass zu viele Süßigkeiten schlecht für die Zähne sind, träge machen und auch sonst dem Körper nicht gerade guttun? Wollen wir unsere Kinder bereits vor Weihnachten mit Geschenken derart überhäufen, um uns einerseits selbst die Messlatte für noch größere Weihnachtsgeschenke hoch zu legen und andererseits unsere Kinder durch Konsumüberfrachtung irgendwann unzufrieden zu machen? Wollen wir Kinder heranziehen, die in der Schule mit ihren Überraschungen aus dem Adventskalender prahlen (»Ich hatte heute ein Videospiel drin.« Oder: »Bei mir gab es einen Shoppinggutschein über 20 Euro!«), sodass sich andere Kinder, deren Eltern nicht das Geld für viele oder teure Geschenke aufbringen können, unwohl und benachteiligt fühlen?

Ich bin kein missionierender Zuckergegner. Ich mag Süßes. Meine Kinder auch. Aber ich meine, es muss in der Adventszeit nicht jeden Tag eine große Extraportion Schokolade geben – es gibt ja ohnehin noch Plätzchen und Schoko-Nikoläuse zusätzlich in diesen Tagen. Und von vielen, großen Geschenken in Adventskalendern halte ich auch wenig. Selbst wenn auch großes Spielzeug auf Flohmärkten oder bei eBay günstig zu haben ist, so möchte ich die Kinder damit nicht überfrachten.

Welcher Adventskalender passt zu uns?

Seit der Kindergartenzeit meiner Kinder befülle ich jedes Jahr die gleichen kleinen Jutesäckchen (die ich einmal gekauft und nicht selbst genäht habe, weil ich nicht nur nicht gut basteln, sondern auch überhaupt nicht nähen kann) mit Kleinigkeiten. Mal gibt es eine kleine Süßigkeit, mal gibt es Haargummis, ein Pixi-Buch oder eine Minitaschenlampe. Auch Stifte oder ein besonderer Anspitzer für die Schule finden sich zuweilen in den Säckchen. Richtig. Ich packe tatsächlich auch nützliche Dinge in den Adventskalender. Nicht oft, aber hin und wieder. Unsere Kinder haben nämlich eigentlich alles (vielleicht auch schon zu viel). Klar, wir wollen ihnen mit Geschenken und kleinen Überraschungen eine Freude machen. Aber ich möchte ihnen beibringen, dass Geschenke (auch kleine) etwas Besonderes sind. Sie sollen nicht ein Säckchen nach dem nächsten aufreißen und irgendwann gelangweilt sagen: »Ah, noch ein Auto.«, welches dann umgehend in die Ecke fliegt. Und dass Dinge für den alltäglichen Gebrauch uns Eltern auch Geld kosten, dürfen sie ruhig erfahren. Ich finde es wichtig, dass den Kindern bewusst wird, dass sämtliche Schulutensilien nicht einfach so und nebenbei gekauft werden. (Wer Kinder hat, weiß, wie teuer jeder Schulstart im Herbst sein kann …) Warum also nicht mal einen Textmarker – vielleicht in einer besonderen, coolen Farbe, aber schultauglich – in den Kalender packen?

Vor ein paar Jahren schauten mich die Kinder etwas ratlos an, als sie Klebetuben aus den Säckchen zogen.

»Hey, das ist super-cooler Bastelkleber! Den sieht man gar nicht mehr, wenn er getrocknet ist«, versuchte ich ihnen das »Nützliche« schmackhaft zu machen. Die Kinder runzelten die Stirn. Dann erklärte ich ihnen, was ich zuvor beschrieben habe, nämlich dass es bei uns nicht immer Schokolade, etwas Süßes oder kleine Spielsachen in den Säckchen geben wird – aus oben genannten Gründen. Und im Ohr hörte ich meine Oma: »Ihr wisst gar nicht, wie gut es euch geht.« Als Kind habe ich immer »Ja, ja« gedacht und den Spruch abgehakt, als erwachsene Frau mit eigenen Kindern weiß ich mittlerweile, was sie gemeint hat.

Dennoch bekommen unsere Kinder nicht ausschließlich nützliche Dinge. Das wäre ja fies und so würde auch kein Adventskalender Spaß machen. Neben Schokolade und anderen Kleinigkeiten bekommen sie manchmal etwas Besonderes. Unsere Besonderheit im Adventskalender ist meist eine gemeinsame Unternehmung. Da schenken wir den Kindern (und uns) beispielsweise Karten für eine Kindertheateraufführung, ein Konzert oder einen Ausflug samt Eintritt für etwas, das sie gern tun – Tierpark, Eislaufen, Schwimmen. Die Mischung aus ein paar Süßigkeiten, kleinen Geschenken und gemeinsamer Zeit passt zu unserer Familie perfekt.

Bei uns gibt es auch nur einen Kalender für die Kinder; manchmal schenken die Großeltern einen mit Bildern zur Weihnachtsgeschichte. Dann machen die Kinder jeden Tag ein Kläppchen auf und entdecken eine Zeichnung dahinter. Denn zusätzliche Schoko-Kalender oder Ähnliches habe ich der Verwandtschaft untersagt und meine Eltern finden das gar nicht verkehrt. Für mich gab es damals auch nur einen Kalender.

Doch einmal kam eines meiner Kinder geknickt aus der Schule und meinte, andere hätten so viel größere Geschenke in den Kalendern. Oder sie hätten ganz, ganz viele Kalender und somit wahnsinnig viel Schokolade. Klar, Kinder geben an. Das ist so. Und dass es blöd für die Kinder ist, die nicht »mithalten« können, kann ich sehr gut verstehen. Aber ich habe dann meinen Kindern erklärt, dass es nicht darum geht, immer noch mehr oder noch Größeres zu bekommen.

Der Adventskalender ist der Countdown bis zur Geburt Christi. Wir dürfen uns die Zeit des Wartens im Wortsinn versüßen. Aber der Zweck des Kalenders liegt nicht darin, einen Geschenkewettbewerb zu veranstalten oder sich mit zehn verschiedenen Schoko-Kalendern zu übertrumpfen. Meine Kinder und ich sprachen darüber, dass auch Kleinigkeiten ungemein Freude bereiten können. Dass es darum geht, sich auf Jesus vorzubereiten und sich auf seine Ankunft zu freuen. Dass wir spüren, dass der Advent eine ganz besondere Zeit ist – flankiert von einem Kalender.

Übrigens, unsere Kinder haben uns Eltern auch einen Kalender gebastelt. Wir bekamen selbst gemalte Bilder und kurze Comic-Geschichten. Ihre Ideen, ihre Emsigkeit, ihre Gedanken und ihre Kreativität fanden wir viel schöner, als wenn sie uns mit ihrem Taschengeld einen Kalender gekauft hätten.

Jahre später sagte meine Tochter mal: »Weißt du, dass manche Kinder in unserer Klasse es manchmal vergessen, alle Türchen ihrer fünf oder sechs Kalender zu öffnen? Mama, ich mag unseren einen Kalender genau so, wie er ist.«

Das hat uns gefreut!

Kurz erklärt:

Die Anfänge der **Adventskalender** gehen bis ins 19. Jahrhundert zurück. Es wurden Kreidestriche aufgezeichnet und jeden Tag einer weggestrichen oder Strohhalme in die Krippe gelegt. Für jeden Tag einen. Später gab es dann Bögen mit Bildchen. Manchmal konnten die Kinder sie ausschneiden und auf einen anderen Bogen kleben. Oft verbargen sich die Bilder hinter zu öffnenden Türchen.

Auch schön: In manchen Orten verwandeln sich Rathäuser oder andere Gebäude in Adventskalender; dann stehen besonders geschmückte oder beleuchtete Fenster pro Tag zur Verfügung. In anderen Ländern wie Italien, Spanien oder England kennt man traditionell keine Adventskalender.

7. ADVENT, ZWEITER VERSUCH

Advent ohne Stress? Wir arbeiten daran

Bei Temperaturen um die dreißig Grad im Schatten sagte meine Älteste einmal: »Die Stimmung in der Adventszeit ist so schön, dass ich mich schon im Sommer drauf freue!«

»Warum empfindest du es so?«, fragte ich.

»Am ersten Dezember denke ich immer: Oh, jetzt wird bald Weihnachten sein. Und dann gibt es jede Woche mehr Weihnachtsdekoration und Lichterketten in den Räumen. Wir zünden jeden Sonntag eine Kerze mehr an. Ich mag es einfach, wenn es draußen dunkel wird, wir Kerzen anzünden und Plätzchen essen.«

»Hm«, stimmte ich ihr zu und freute mich, dass wir es offensichtlich allmählich auf die Reihe kriegten, den Kindern eine schöne Adventszeit und gute Einstimmung auf Weihnachten zu bieten. Ohne allzu viel Stress.

Sie sagt – ungelogen – auch, dass sie Geschichten von Jesus mag. Dass sie beobachtet hat, dass sich die Menschen in der Adventszeit weniger streiten. Dass sie, wenn sie zur U-Bahn geht, weniger aufs Handy und mehr in die vorweihnachtlich geschmückte Stadt schauen will. Dass alles viel schöner und harmonischer ist. Als Mutter war ich sehr glücklich über ihre Aussagen. Aber es war nicht der olympische Eltern-Bätsch-Stolz im Sinne von: »Ich habe das

coolste Kind überhaupt und das reibe ich jedem unter die Nase!«
Obwohl … natürlich habe ich die coolsten Kinder … welche Eltern
haben die nicht?

Nein, ich freue mich einfach für meine Tochter, dass sie die Welt
wahrnehmen kann. Dass sie das Schöne sieht. Dass sie ein Gefühl
dafür entwickelt, was wichtig ist und was ihr guttut. Das alles macht
mich glücklich für sie. In Kindern steckt so viel. Wir können Kindern eine Menge Weisheit, Reflexion und Empathie zutrauen. Er-
möglichen wir ihnen, die Welt zu erkunden.

Nach meinen völlig überstressten Adventswochen in den ersten
Familienjahren habe ich meine Prioritäten neu geordnet. Vor jedem
Advent überlege ich mir nun, was mir dieses Jahr besonders wich-
tig ist, was ich schaffen will (mehr Ruhe in jedem Tun, glückliche
Momente mit der Familie, andächtige Gottesdienste …). Dann gibt
es die Dinge, die »nice to have« sind wie: noch eine weitere Ladung
Plätzchen backen oder neue Deko besorgen. Und schließlich Tätig-
keiten, die komplett von der Liste gestrichen werden.

Advent sollte sich behaglich und wunderbar anfühlen. Aber
ebenso will ich es mit der Perfektion nicht übertreiben. Mag sein,
dass Kekse, die von mir gebacken wurden, optisch ein klein wenig
besser aussehen, als wenn sie von Fünfjährigen verziert werden, aber
dafür stelle ich mich gewiss nicht nachts in die Küche. Plätzchen
sollen vor allem schmecken und beim Backen Spaß machen. Wenn
andere Eltern gut im Verzieren sind, bewundere ich das sehr, aber
für mich habe ich das Thema »perfekte Plätzchen« abgehakt. Mit
zunehmendem Alter empfinde ich es nicht mehr als Manko, zu-
zugeben, was ich nicht kann, worin ich nicht gut bin oder woran
ich keinen Spaß habe. Wie oft habe ich beobachtet, dass sich vor
allem Mütter enorm unter Druck setzen, allen Anforderungen zu
110 Prozent gerecht zu werden: perfekte Deko, perfekte Kekse, perfekte Weihnachtskarten, perfekt eingepackte Geschenke, perfekte
Glühweintreffen mit Freunden, und das alles zusätzlich zum Alltäglichen wie Job, Wohnung, Sport, Hausaufgaben der Kinder nachse-

hen. Das ist doch Irrsinn! Wir sollten uns nicht so stressen lassen. Vor allem nicht in der besinnlichsten Zeit des Jahres.

Jeden neuen Advent tüftelte ich also an meinen Möglichkeiten, den Advent zu entschleunigen. Im Jahr nach dem Chaos-Advent strich ich die selbst gebastelten Weihnachtskarten von der Liste und ersetzte sie durch gekaufte Unicef-Karten. So sparte ich mir den Glitzer-Sturm und wir spendeten zudem für einen guten Zweck. Meine Freundin freute sich auch, dass sie nicht sofort nach dem Öffnen des Briefkuverts einen Staubsauger holen musste.

Die ausgestochenen Plätzchen bepinselten wir nur mit dunkler Schokolade. Fertig. Schmeckt allen prima. Zudem suchte ich ein weiteres simples Rezept und wurde fündig:

∽ Rezept für Engelsaugen ∽

240 Gramm Mehl, 150 Gramm Butter, 2 Eigelb, 70 Gramm Puderzucker, 2 TL Vanillezucker, Verzierung: Himbeermarmelade, Schokolade (Kuvertüre)

Alle Zutaten verkneten und sofort Kugeln formen. Dann mit dem Stiel eines Kochlöffels kleine Mulden in die Teigkugeln drücken. Diese Mulden mit Marmelade auffüllen (dafür eignet sich eine Deko-Kuchen-Spritze). Bei 170 Grad ca. 10 Minuten im Ofen backen. Kuvertüre im Wasserbad verflüssigen. Anschließend die fertigen Plätzchen auf eine Gabel legen und diese kurz durch die Schokoladensoße ziehen, damit sie auf der Unterseite durch die Schokolade verfeinert werden.

Diese Plätzchen sind ganz leicht herzustellen, die Kinder lieben vor allem die Marmeladen-Spritze und wir konnten in kurzer Zeit so viele Bleche backen, dass auch für die Tütchen der Verwandtschaft Engelsaugen übrig blieben.

Mitten in diese Optimierung der Adventshektik sagte eine Freundin einmal: »Ich versuche, den Kindern den Advent besonders schön zu gestalten. In ein paar Jahren ist das vorbei. Dann sind sie Teenager und finden alles uncool.« Ihre Worte ließ ich mir des Öfteren durch den Kopf gehen. Meine Freundin hatte absolut recht. Und so fokussierte ich mich noch stärker auf die familiären Gemeinsamkeiten und auf die Dinge, die mir in der Adventszeit wichtig erschienen.

Weniger Liste, mehr lesen

Die Kinder wuchsen aus dem Kindergartenalter raus und ihre Kapazitäten änderten sich. Sie wurden älter und selbstständiger. Glitzer und Kleber waren out, stattdessen bemalten die Kinder die Karten mit Weihnachtsbäumen oder Sternen. Noch immer basteln wir nicht jeden Advent Weihnachtskarten selbst. Einmal verschickten wir einfach gar keine. Denn bevor es wieder für alle unentspannt und abgehetzt wurde, strich ich lieber die Karten von der To-do-Liste.

Allmählich hielten einige Rituale Einzug in unsere Familie. Vor dem ersten Advent wollen meine Kinder unbedingt den Adventskranz aussuchen. Der ist ihnen nämlich sehr wichtig. Ebenso wichtig ist ihnen, dass der Kranz immer auf dem Esstisch steht und regelmäßig angezündet wird. Unseren Adventskranz nehmen wir immer mit zum Wohnzimmertisch, wenn wir es uns dort gemütlich machen. Es gibt warmen Kakao, Plätzchen, viele weitere Kerzen und gute Geschichten. Als die Kinder klein waren, liebten wir Astrid Lindgrens »Lotta kann fast alles«, »Wie gut, dass es Weihnachtsferien gibt, sagte Madita« und »Pippi plündert den Weihnachtsbaum«. Kurz vor Weihnachten hilft die kleine Lotta ihrer Mutter, sieht nach der alten Nachbarin Tante Berg und schleppt mühsam einen zufällig vom Lastwagen gefallenen Weihnachtsbaum heim, nachdem sie von ihrem Vater erfahren hat, dass es in der ganzen Gegend keine Bäume mehr gibt. Und so rettet die Vierjährige ihrer Familie das Weihnachtsfest.

Kurz erklärt:

Den **Adventskranz** gibt es noch gar nicht lange. Der protestantische Theologe Johann Hinrich Wichern schmückte 1839 in einem Kinderheim in der Nähe von Hamburg einen Kronleuchter. Am ersten Advent zündete er die erste Kerze an. Bis Weihnachten kam an jedem Tag eine weitere Kerze hinzu. In einer immer dunkler werdenden Zeit sollte den armen Kindern durch das Anzünden je einer weiteren Kerze mehr Licht gebracht und die Wartezeit verkürzt werden. Wenn wir Jesus als Licht, das die Welt erhellt, begreifen, dann symbolisieren die heutigen vier Kerzen, die nacheinander an jedem Adventssonntag entzündet werden, den Weg zum Licht. 1925 wurde übrigens der erste Adventskranz in einer katholischen Kölner Kirche aufgehängt. In Irland hat der Adventskranz übrigens fünf Kerzen. Die fünfte Kerze in der Mitte wird am Weihnachtstag entzündet.

Pippis Großzügigkeit kennt keine Grenzen. Sie gibt und schenkt wahnsinnig gern und freut sich, wenn andere sich freuen. Und so lädt sie an Weihnachten alle Kinder aus dem Dorf ein, um einen Baum plündern zu lassen, in den Pippi für jedes Kind eine Menge Süßigkeiten und viele Geschenkpakete gehängt hat.

Eine Adventszeit ohne Astrid Lindgrens Geschichten oder der Geschichte von »Hirsch Heinrich« (ein DDR-Kinderbuch-Klassiker, den mein Mann gern vorliest) wäre keine vollständige Adventszeit. Eingekuschelt in flauschige Decken hören auch unsere Kinder, die längst lesen können, Geschichten immer wieder gern. Wir tauchen ein in verschneite Landschaften, riechen Zimt und Orangen, freuen uns über die Freundlichkeiten, die Lindgrens Helden für ihre Mitmenschen übrig haben, und zittern mit ihnen, ob sie wirklich einen Weihnachtsbaum ergattern oder auch tatsächlich in Apelkullen ankommen, bevor sie vor Erschöpfung zusammenbrechen. Vollkommen selbstverständlich lese ich in diesen gemütlichen Momenten auch aus der Bibel oder die »Weihnachtsgeschichte«, erzählt vom Benediktinerpater Anselm Grün, vor. Die Kinder lieben Weihnachten und die Weihnachtsgeschichte. Dass Gottes Sohn als Baby in einer Krippe im zugigen Stall liegt, ist etwas Besonderes. Gott macht sich klein und kommt nicht als König oder Herrscher pompös daher. Engel verkünden den Hirten die frohe Botschaft, was für Kinder mit ihrer unbändigen Fantasie (warum tauchen Kinder sonst so gern in Fantasiegeschichten und Zauberwelten ab?) natürlich herrlich und gar nicht hinterfragungswürdig ist. Und dass dieses Kind außergewöhnliche Geschenke von anderen, weit gereisten Königen erhält, soll zeigen, wie besonders dieses Kind ist.

Meiner Beobachtung nach ist das Weihnachtsfest das Kirchenfest, dessen Geschichte Kinder am besten kennen. Sie wissen, dass Jesus als Gottes Sohn im Stall zu Bethlehem geboren wurde, dass Engel gesungen und Hirten gestaunt haben. Über Ostern wissen sie meist weniger gut Bescheid und bei Pfingsten wird es auch für die Erwachsenen eng.

Inhaltlich betrachtet ist für Christen Weihnachten nach Ostern »nur« das zweithöchste Fest im Kirchenjahr. Aber ich finde es sehr verständlich, dass Kinder mit Weihnachten mehr anfangen können und auch Erwachsene die Adventszeit schöner finden als die Fastenzeit vor Ostern. Unser Pfarrer sagt an Heiligabend den Kindern immer, dass wir eine riesige Geburtstagsparty feiern. Und vor Geburtstagen sind vor allem Kinder immer sehr aufgeregt. Und die Adventszeit ist eben die Zeit, in der sich Christen auf das große Fest einstimmen. Jede Kerze mehr am Kranz macht alles stimmungsvoller, die Menschen putzen ihr Heim heraus und die Zeit für Erlebnisse mit den Liebsten ist gekommen. Viele wünschen sich Harmonie in der Vorweihnachtszeit; sie wollen anderen eine Freude machen, helfen und freundlicher sein. Erwachsene spenden Geld für Bedürftige, besuchen eine alte Tante oder helfen den Kindern beim Packen eines Geschenks für ein Kind in einem fernen Land (Kita und Grundschulen beteiligen sich oft an Aktionen, die dazu aufrufen, kleine Geschenkpakete für Kinder in rumänischen oder ukrainischen Kinderheimen zu packen). In den Kindergärten und Schulen wird gesungen und gewichtelt – allenthalben wird Freude verschenkt.

Ob jemand an Jesus glaubt oder nicht, sind dies nicht wunderbare Zeichen im Umgang der Menschen untereinander? Weniger Streit, mehr Herzlichkeit. Jesus macht in seinen Geschichten und Gleichnissen deutlich, wie wirkungsvoll gutes Handeln sein kann: Verzeihen wir dem, der Mist gebaut hat; teilen wir mit jemandem, der wenig hat; machen wir Menschen, die wir gern mögen oder denen eine liebevolle Aufmerksamkeit vielleicht guttut, eine Freude.

Auch wenn der Advent voll mit Terminen und Erledigungen ist, so können die meisten Angelegenheiten irgendwie mit Jesus und seiner Botschaft zu tun haben. Ich persönlich teile den Advent nicht in »kirchliches« und »weltliches« Tun. Bei uns besteht der Advent nicht aus zwei Teilen, von denen der eine Teil den Gottesdienst und das Lesen aus der Bibel beinhaltet und der andere Teil das Backen und das Organisieren der Geschenke. Die Übergänge sind fließend. Denn die Botschaft der Liebe sollte – wenn möglich – in allem Tun sein. Wenn wir in liebevoller, gemütlicher Gemeinsamkeit als Familie Zeit miteinander verbringen, wenn wir die bedenken, die bedürftig sind, wenn wir Geschichten hören – auch von Jesus – und wenn sich unsere Kinder später an jene Adventssonntage erinnern werden, die sie als schön, heimelig, geborgen empfunden haben, dann haben wir als Eltern viel Gutes erreicht.

Übrigens: Seit zwei Jahren bestehen unsere Kinder darauf, jeden Adventssonntag in die Kirche zu gehen. Sie mögen die Atmosphäre und die Lieder in der Kirche. Sie finden, dass diese Gottesdienste zur Stimmung und Vorbereitung auf Weihnachten unbedingt dazugehören.

8. ES GEHT AUF WEIHNACHTEN ZU

Puzzle, Psalm, Pfau

Einige Tage vor Weihnachten steigt bei den Kindern die ohnehin schon kribbelige Aufregung ins Unermessliche. »Wann ist es endlich so weit?«, fragen sie. Oder: »Wie oft muss ich noch schlafen bis Weihnachten ist?« (Ähnlich einer langen Autofahrt in den Urlaub, bei welcher im Fünf-Minuten-Takt gekräht wird: »Wann sind wir endlich da?«) Und vor allem jüngere Kinder fragen sich heimlich: »Werde ich bekommen, was ich mir sehnlichst gewünscht habe?«

Unterdessen rotiert bei den Erwachsenen das Hamsterrad noch schneller. Sie fragen sich: »Habe ich an alles gedacht? Was muss ich noch besorgen? Steht das Menü für Heiligabend? Ist die Wohnung blitzeblank sauber?«

Eine Bekannte stöhnte einmal: »Jetzt wollen meine Kinder auch noch beim Krippenspiel mitmachen. Als ob wir nicht genug zu tun hätten, muss ich nun zusätzlich die Probentermine unterbringen.« Meine Kinder wollten aus verschiedenen Gründen nie beim Krippenspiel mitmachen, aber ich kann bestens nachvollziehen, dass einen NOCH MEHR Termine kurz vor Weihnachten echt fertigmachen. Gleichwohl hat auch meine Bekannte diese Termine eingeschoben, da sie ihren Kindern nicht den Spaß verderben wollte.

Doch wie bekommen Eltern es hin, dass die Tage vor Weihnachten nicht in Hektik untergehen? Wie schafft man es, ein vorfreudiges, durchaus auch emsiges Treiben mit Phasen des Innehaltens und des innerlichen Vorbereitens auf Jesu Ankunft zu verknüpfen? Wie können Eltern zumindest zeitweilig Ruhe in die aufgedrehten Flummis namens Kinder bringen? Freudige Aufregung ist etwas sehr Schönes, doch auch Kindern tut Entspannung gut. Den Erwachsenen, die von Termin zu Termin hetzen, bei denen das Smartphone ständig brummt, die das Familienleben organisieren und obendrein ein schönes Weihnachtsfest vorbereiten wollen, tut Entspannung in der Vorweihnachtszeit besonders gut.

Die Antwort kennt eigentlich jeder: In der Entschleunigung liegt die Kraft.

Und dennoch fällt es uns oftmals schwer, zu dieser kraftvollen Ruhe zu finden. Schon in der Bibel heißt es zu Beginn über Gott, dass er am siebten Tage ruhte und dieser Tag auch heilig sein sollte. Tja, auch Gott hatte Stress beim Erschaffen der Welt und des Menschen. Und wenn Gott es wichtig findet, auch mal Ruhe zu haben, warum sollten wir uns 24/7 abhetzen? Spaß beiseite: Dass am Sonntag möglichst wenig gearbeitet werden soll, finde ich ein gutes Prinzip.

Nun werden wir aber immer flexibler und unsere Leben gestalten sich individueller. Die mobilen Arbeitsformen und die permanente Erreichbarkeit lässt viele Grenzen verschwimmen. Das hat viele positive Effekte. Aber eben auch den Nachteil, nie wirklich zur Ruhe zu kommen. Mit Familie noch weniger. Da laufen Waschmaschinen an Sonntagen, was bei meiner Oma völlig undenkbar gewesen wäre. Da werden Kindergeburtstage sonntags gefeiert, weil es an anderen Tagen (Woche voll mit Schule, Sport, Musik, Hort) schlicht nicht möglich ist, einen freien Termin zu finden. In meiner Kindheit undenkbar. Wettkämpfe, Turniere, Konzerte finden an Wochenenden statt. (Mein Klaviervorspiel hat früher immer am Donnerstagnachmittag, dem Tag meines Klavierunterrichts, stattgefunden, wo dann maximal ein Elternteil teilnehmen konnte, weil der andere – meist der Vater – noch arbeitete. Natürlich ist es heute viel schöner, dass Eltern am Wochenende ihren Kindern bei den Hobbys zusehen können. Aber die Verlagerungen von vielen Aktivitäten aufs Wochenende machen eben diese Wochenenden terminlich so voll.) Eltern werfen auch am Wochenende mal eben einen Blick auf die E-Mails; es könnte eine Chefin oder ein Kollege etwas wollen. Oder man buddelt eben schnell eine Pflanze ein; unter der Woche nicht geschafft.

Psychologen, Yogalehrer, Achtsamkeitstherapeuten – alle raten zu Ruhe und Entspannungsphasen. Experten, die sich mit Computernutzung auskennen, raten zu zeitweiligem »Digital Detox«, einfach die Bildschirme mal ausschalten. Das permanente Rennen im Hamsterrad kann bei Erwachsenen zu Tinnitus, Herzbeschwerden, Magendruck, Bruxismus, Kopfschmerzen, Schlaflosigkeit, Rückenschmerzen, Burnout, ja, eigentlich zu allem führen, was Körper und Seele schadet. Kinder, die sich gestresst fühlen, klagen über Bauch- und Kopfschmerzen, werden weinerlich, unausgeglichen und schlafen schlecht. Insofern ist Gottes uralte Pausenidee gar nicht so verkehrt.

Gerade in der Adventszeit, wenn also zum üblichen Stress auch noch die Vorweihnachtshektik kommt, sind beruhigende Maßnahmen und entspannte Stunden für mich mittlerweile unverzichtbar geworden. Ebenso bin ich davon überzeugt, dass man auch Kindern »Ruhe« beibringen sollte, sonst wissen sie später als Erwachsene gar nicht, wie das geht.

Als unsere Kinder noch im Babyalter waren, haben wir es uns angewöhnt, zügig ein Restaurant oder vorzeitig eine Feier bei Freunden zu verlassen, damit das Kind zu seiner gewohnten Zeit ins Bett konnte. Einige fanden, dass wir Erwachsene unseren Spaß und unseren Freiraum zu sehr dem Rhythmus der Kinder untergeordnet hatten. Das kann man finden. Doch wir haben damit nur gute Erfahrungen gemacht.

Die richtige Balance finden

Über die richtige Balance zwischen Aktivität und Entspannung mache ich mir viele Gedanken. Manchmal gelingt es mir besser, manchmal schlechter, die Mitte zu finden. Gerade meine vormals ambitionierten Adventswochen hatten mich gehörig aus der Bahn geworfen. Doch mit jedem Advent erkenne ich mehr, was meiner Familie und mir guttut.

Tipps für mehr Besinnlichkeit

Frühzeitig planen: Je älter ich wurde, umso mehr habe ich meine Besorgungen vorverlegt. (Früher war ich manchmal ein »Auf den letzten Drücker«-Typ.) Wenn ich also eine Woche vor Weihnachten bereits alles besorgt habe – von den Christbaumkerzen über die Geschenke bis zum Reis für die Feiertagsgerichte –, dann werde ich am 23. Dezember nicht kalt erwischt: »Mist, mir fehlt noch Geschenkpapier.« Oder: »Es ist nicht genügend Reis da.« Oder: »Kleine Überraschung für Tante Hilde vergessen.« Manche lieben es geradezu, sich am 23. noch einmal ins Gewühl zu stürzen. Wenn ich das früher machen musste, hat mich das immer gestresst. Und wie das mit Kindern so ist: Der Stress der Eltern überträgt sich auf die Kinder und dann streiten sie und haben üble Laune. Alles, was ging, also möglichst deutlich vor Weihnachten zu erledigen, hat mich persönlich entstresst.

Geschenkenachmittage: Sich bewusst einen Nachmittag viel Zeit zu nehmen, um mit den Kindern kleine Geschenke für die Verwandtschaft oder Freunde herzustellen, löst nicht nur viele Geschenkefragen. Während die Kinder Bügelperlenbilder kreierten, kleine Leinwände mit Acrylfarbe bemalten, Engelchen aus Holz bepinselten und mit Bastelsteinen dekorierten, zündeten wir Kerzen an und ließen Advents- oder Weihnachtslieder im Hintergrund laufen. Die Mischung aus Kreativität, Musik und Kerzenduft wirkte wahnsinnig entspannend. Auf alle Beteiligten. Als Resultat hatten die Kinder selbst gemachte Geschenke vorzuweisen. Und wir versuchen, es lässig zu betrachten: Was nicht fertig wird, ist eben nicht fertig geworden und ein Kunstwerk ist immer ein Kunstwerk, auch wenn aus Versehen die Farbe verlaufen ist.

Entschleunigende Hobbys: Wenn es draußen dämmert, die Lichterketten sanft Balkon oder Fensterbank illuminieren, ein zimtiger Orangenduft von Tee und Kerzen in der Luft schwebt, kann dies ein hervorragender Augenblick sein, ein 500-Teile-Puzzle aus dem Regal zu ziehen und sich zu zweit, zu dritt, zu fünft darüberzubeugen und die einzelnen Teilchen gemeinsam ein Ganzes werden zu lassen.

Terminfreie Adventssonntage: Vielleicht schafft man es, sich den 4. Advent frei von Besuchen auf dem Weihnachtsmarkt, Kaffeeeinladungen bei Freunden oder sportlichen Veranstaltungen zu halten und sich im Kreise der Familie zu treffen. Die Kerzen des Adventskranzes werden entzündet (das Handy ausgeschaltet), Plätzchen bereitgestellt und einer von uns liest aus einem Weihnachtsbuch vor – oder alle sind reihum an der Reihe … Bei uns hat das Geschichtenlesen am Adventskranz mit Plätzchen bereits Tradition. Mittlerweile wünschen sich die Kinder diese Tradition alljährlich.

Frühmessen im Advent: Freunde schwören auf das Engelamt, um dem Alltag neue Kraft zu geben. Das »Engelamt« oder auch »Rorateamt« ist in unserer Gemeinde eine Frühmesse in der Adventszeit. Ein Engel verkündete Maria, dass sie Gottes Sohn zur Welt bringen wird – daran soll diese Verkündigungsmesse erinnern. (Da das Engelamt werktags um sechs in der Früh stattfindet, habe ich Morgenmuffel es noch nicht dahin geschafft, aber ich nehme es mir vor. Vielleicht kommt auch eins der Kinder mit.)

Atempausen in der Kirche: Einmal lief ich ungefähr zehn Tage vor Weihnachten durch die Münchner Innenstadt, meine Einkaufsliste abarbeitend, und stolperte über ein Schild, das zur Mittagspause einlud. Es war kein Wirtshaus, das um Pause warb, sondern eine Kirche. Ich schnupperte hinein und setzte mich mit meinen Taschen in eine Bank. In der Kirche saßen verteilt Touristen mit Rucksäcken, Anzugträger, die wohl auf einen Sprung aus dem Büro hier waren, und Leute mit Einkaufstaschen wie ich. Es gab einen Impuls, der am Ambo vorgelesen wurde, und Orgelspiel. Die Pause dauerte fünfzehn Minuten. Während sich draußen das geschäftige Treiben fortsetzte, hielten wir in der Kirche inne. Ein guter Moment. Auch ohne Impuls und Orgel kann sich jeder einmal für zehn Minuten in die Stille einer Kirche setzen und die Stille auf sich wirken lassen.

Adventskonzerte: Adventskonzerte in Kirchen sind eine anregende wie besinnliche Einstimmung auf das Weihnachtsfest. In manchen Städten gibt es auch klassische Orgelkonzerte extra für Kinder. Eine besondere Erfahrung für die Kleinen.

Zeit in der Natur: Ein paar Jahre lang sind wir immer am 23. Dezember mit den Kindern in einen Wildpark gefahren. Der Park war fast menschenleer und wir hatten Rehe, Wölfe, Pfaue, Kamerunschafe und Eulen quasi für uns. Das Spazieren durch den Wald, das Beobachten der Tiere (manchmal mit, meistens ohne Schnee), die Ruhe der Natur, all das war unglaublich entspannend für uns alle. Wir spazierten, schauten, beobachteten, machten Brotzeit. Herrlich! Gleichzeitig sind die Kinder nicht nervös daheim auf- und abgetigert, weil sie den 24. Dezember kaum erwarten konnten, sondern ließen sich durch unseren Ausflug wunderbar ablenken. Sie durften die Rehe mit Trockenfutter füttern, die diese gierig aus den kleinen Händen schlabberten; und sie warfen den Wisenten unsere im Herbst gesammelten Kastanien zu. Wir fühlten uns ein bisschen wie in der Geschichte von »Hirsch Heinrich«, als dieser verblüfft feststellen musste, dass je näher Weihnachten rückte, umso weniger Kinder ihn im Zoo besuchten. In unserem Park waren wir nun die letzten Besucher vor Weihnachten und vielleicht war es den Tieren auch schon aufgefallen, dass es vor ihren Gehegen ruhiger geworden war.

Nicht nur in der Adventszeit:

Gebet zum Abschluss des Tages: Immer wieder gern bin ich am frühen Abend zur Vesper ins münsterländische Kloster Gerleve gegangen. Die Vesper wird das ganze Jahr über gebetet. Sie ist das Abendgebet, das nach Abschluss der Arbeit des Tages verrichtet wird. Es kann in Gemeinschaft, aber auch allein gebetet werden. Zu einer Vesper gehören Psalmgebete, eine kurze Lesung aus der Bibel, Fürbitten und das Vaterunser. Im Kloster Gerleve tragen die Mönche gregorianische Gesänge vor und deren Mystik und Gleichklang übertrug eine unglaubliche Ruhe auf mich. Zeit, Gedanken laufen zu lassen. Zeit, mit Gott zu sprechen. Zeit, sich auf das Innere zu konzentrieren. Eine meditative Stimmung erfasste mich jedes Mal und ich konnte in meine Gedanken, Wünsche und zuweilen Sorgen abtauchen. Irgendwann werde ich meine Kinder dorthin mitnehmen.

9. TANNENBÄUME

Weihnachtsmärkte und Christbaumhöfe

Es gibt mindestens zwei Arten von Weihnachtsmärkten. Die eine Art sieht ungefähr so aus: Buden dicht an dicht, Menschen dicht an dicht. Einmal trieb ich in einem Menschenfluss an einer Hütte mit wunderschönen Ohrringen vorbei, doch ich sah keine Möglichkeit, davor zu ankern, um mir in Ruhe alles ansehen zu können, da der Strom schneller von hinten nachschob, als ich hätte mich entscheiden können, stehen zu bleiben. Und wenn ich Kinder in Buggys sehe, frage ich mich, was sie wohl vom Weihnachtsmarkt sehen. Einkaufstüten, Handtaschen, Kniekehlen?

Dann gibt es noch die luftigere Art Weihnachtsmärkte, die meist nicht in den Innenstädten zu finden sind. Vor Jahren haben wir einmal einen kleinen Weihnachtsmarkt bei einem Kloster entdeckt. Es gab nicht viele Buden, und diese standen herrlich verteilt auf einer Wiese vor der wunderschönen Kulisse des Klosters. In den Räumen des Klosters gab es weitere Handwerker und Künstler, die ihre Kunstwerke oder Alltagsutensilien anboten. Es gab Stubenmusik und selbst gebackenen Kuchen. In einem Raum zeigte eine Künstlerin Kindern, was sie aus Naturmaterialien alles machen konnten. Unsere Kinder entschieden sich, beim Basteln eines Türkranzes mitzumachen. Dafür verwendeten sie Weidenzweige, Efeu, Esche und dekorierten den Kranz mit kleinen Tannenzapfen. Den

Kranz, den unsere Kinder dort in ruhiger Atmosphäre, begleitet von Zither-Musik, gebastelt haben, haben wir heute noch. Um 17 Uhr gab es in der Klosterkirche eine Vesper – aber erst, nachdem wir uns mit einer Bratwurstsemmel gestärkt hatten. Seit einigen Jahren gibt es diesen beschaulichen, idyllischen Weihnachtsmarkt rund um das Kloster nicht mehr. Vielleicht hat es sich für die Händler nicht rentiert? Vielleicht war für alle Beteiligten der betriebene Aufwand zu groß? Schade. Wir werden uns einen neuen besinnlichen Weihnachtsmarkt suchen.

Auch unseren Tannenbaum holen wir uns nicht aus dem innerstädtischen Gewühl. Wir leben alle sehr gern in München, aber es gibt Dinge, die sind »draußen« einfach schöner! Und somit gibt es bei uns auch eine gewisse Tannenbaum-Hol-Tradition, die einmal beinahe schiefgegangen wäre – zumindest aus Sicht unserer Kinder – und das kam so:

»Los jetzt! Beeil dich mal!«, quengelten die Kinder und die Ansage galt meinem Mann. Es war Samstagmorgen, halb neun, und die Kinder standen komplett ausgestattet mit Jacke, Schal, Mütze im Flur. (Normalerweise frühstücken wir zu der Zeit noch.) Mein Mann wunderte sich über diesen frühen Aktionismus: »Was ist denn los mit euch?«

»Du musst dich beeilen, sonst bekommen wir keinen Baum mehr!« Die Kinder wurden hektisch.

Aha! Das war also die Sorge, die sie umtrieb. Mir fiel sofort die »Lotta kann fast alles«-Geschichte von Astrid Lindgren ein, in der Lottas Vater kurz vor Weihnachten keinen einzigen Tannenbaum mehr auftreiben kann. Ein Weihnachtsfest ohne Baum wäre natürlich ein Desaster, da konnte ich meine Kinder nur allzu gut verstehen. Es war zwar Samstag am vierten Adventswochenende; es dauerte noch zwei Tage bis Weihnachten, und in einer Stadt wie München kann man natürlich auch am 24. Dezember noch einen Baum besorgen. Aber wir fahren traditionell immer zu einem von zwei Höfen weit vor den Toren der Großstadt und nur von dort durfte unser Baum stammen, fanden die Kinder. Keine Diskussion!

Zugegeben, normalerweise holen wir den Baum früher, meist am dritten Advent. Doch in dem Jahr hatten wir es nicht geschafft. Dass gleich Weihnachten vor der Tür stand, schien unsere Kinder sehr nervös gemacht zu haben. Sie glaubten wohl, dass es dort draußen bald keinen Baum mehr geben würde. Und ganz sicher war ich mir da ebenfalls nicht. Was, wenn heute tatsächlich der letzte Verkaufstag der Höfe war? Außerdem waren es die Kinder gewöhnt, einen schönen Baum aussuchen zu können und nicht womöglich das nehmen zu müssen, was übrig geblieben war.

Die beiden Höfe zelebrieren ihren Baumverkauf gebührend. Der größere von beiden sogar ein wenig aufwendiger. Aber es ist immer wieder schön!

Eine halbe Stunde später kamen wir auf dem Christbaumhof an und da nicht alle Menschen kleine Kinder haben, die auch samstags sehr früh wach werden, war es auf dem Gelände noch herrlich leer. Zuerst suchten wir uns einen Baum aus und verfrachteten ihn auf das Autodach. Dann unternahmen wir eine Kutschfahrt durch das Gelände. Trotz Schneeanzug bekamen wir noch Wolldecken, zwei Kaltblüter zogen den Wagen und los ging's durch eine sagenhafte Schneelandschaft, begleitet von Jingle-Bells-Glöckchen am Fuhrwerk. Ich glaube, in Bullerbü hätte es nicht schöner sein können! Nach der Fahrt bestaunten unsere Kinder das riesige Lagerfeuer und die Krippe. In einem Stall stehen dort jedes Jahr Maria und Josef als lebensgroße Holzfiguren vor der Futterkrippe. Daneben haben eine echte Kuh, ein echter Esel und echte Ziegen Platz.

Immer wieder sind wir in der Adventszeit dorthin gefahren, um ein wenig besinnliche Adventsstimmung einzufangen. Ein Geheimtipp ist der Hof aber schon lange nicht mehr. Ein paar Jahre später sind wir auch auf einen Nachbarhof ausgewichen, weil der Parkplatz des ersten Hofes wegen Überfüllung geschlossen war (unsere Kinder schliefen morgens mittlerweile länger). Auf dem zweiten Hof hat es uns ebenso gefallen. Es gab Kinderpunsch und Waffeln oder auch handgeschnitzte Weihnachtsdekorationen. Vor allem die Tatsache, dass auf dem zweiten Hof noch alles überschaubar und weitläufig war, machte das Verweilen entspannt.

Zu einem unserer beiden Lieblingshöfe wollten unsere Kinder also unbedingt an dem besagten vierten Adventswochenende fahren. Ein Baum aus der Stadt ohne Waffel und Wald kam definitiv für sie nicht infrage.

Kinder lieben Traditionen

Ich finde es interessant, wie wichtig lieb gewonnene Rituale und Traditionen für Kinder sind. Das bestätigte mir auch eine Freundin. Mit ihren Kindern sei ein runder Adventskranz mit roten Kerzen absolut nicht verhandelbar. Sie habe sich einmal lilafarbene Kerzen oder ein Gesteck mit vier Kerzen hintereinander gewünscht. Keine Chance. Der Adventskranz blieb rund und rot. Ebenso gesetzt wie ein roter Adventskranz ist in der Familie das Ritual, dass Papa und Kinder den Weihnachtsbaum immer am 24. vormittags gemeinsam schmücken – keinesfalls früher. (Dieses Ritual haben wir auch, nur mit mir, der Mama, als Mitschmückerin. In Norwegen wird der Weihnachtsbaum übrigens oft am 23. abends geschmückt; um den Baum herum tanzt man in vielen skandinavischen Ländern an Weihnachten.) Und zwei Brüder, der eine ein Freund aus Kindertagen, bekamen viele Weihnachten immer ein großes Lego-Paket gemeinsam geschenkt, damit sie es über die Feiertage gemeinsam aufbauten. Doch Kinder lieben solche Rituale und Traditionen nicht nur, sie brauchen sie auch. Ein Jahr fühlt sich besonders für kleine Kinder sehr lang an. Familientraditionen und -rituale schenken Kindern Geborgenheit und helfen ihnen, das Jahr zu ordnen.

Vor lauter Panik, sie könnten nicht früh genug da sein, um sich einen der letzten Bäume zu sichern, hüpften die Kinder mittlerweile in Stiefeln draußen vor dem Auto hin und her. »Papa!!! Jetzt aber!« Kaum dass er zu Ende gefrühstückt hatte, eilte Papa schließlich den Kindern hinterher, unterm Arm die Winterjacke, denn Zeit zum Anziehen blieb ihm nicht. Um 8.42 Uhr saßen alle im Auto und brausten los. Selbst wenn es anderen Familien so gehen würde wie uns, nämlich dass ihnen am vierten Advent bewusst würde, noch keinen Baum zu haben, so setzte ich dennoch auf die gute Kalkulation der Christbaumverkäufer. Auch auf dem Hof würde wahrscheinlich noch nicht alles »abgeerntet« sein. Zur Not würden sie eben selbst einen Baum schlagen, das wurde auf den Höfen auch angeboten.

Knapp fünfzig Minuten später schickte mir mein Mann ein Foto auf mein Handy. Es zeigte einen riesigen Schotterparkplatz mit exakt einem parkenden Auto darauf: unserem. Puh, Glück gehabt, von Überfüllung und Ausverkauf keine Spur. In aller Ruhe suchten die Kinder einen wunderschönen Baum aus, bekamen Kakao und Waffeln, und als meine Tannenbaum-Spezialisten sich auf den Rückweg machten, füllte sich allmählich der Parkplatz mit weiteren »Kurzfristig einen Baum«-Besorgern.

Freudestrahlend kamen die Kinder daheim an, präsentierten den Baum und sagten: »Das ist Wilhelm! Aber nächstes Jahr müssen wir ein Wochenende früher los. Sonst verpassen wir Wilhelmine!«

Kurz erklärt:

Der **Weihnachtsbaum (Tannenbaum oder Christbaum)** ist weltweit als Symbol für Weihnachten bekannt. Schon bei den Römern gab es den heidnischen Brauch, mit immergrünen Zweigen die Stube in der dunklen Jahreszeit zu schmücken, als Zeichen von Leben, Fruchtbarkeit und Glück. Überlieferungen nach hat es erste Tannenbäume ab Beginn des 16. Jahrhunderts gegeben. Der Baumschmuck änderte sich immer wieder: Wurden zunächst Äpfel, Nüsse und andere Leckereien an den Baum gehängt, den die Kinder an Weihnachten plündern durften, so gab es später Kerzen, Kugeln, Sterne. Die bunten Kugeln sollen an die Kostbarkeiten, die dem Kind in der Krippe gebracht werden, erinnern. In der katholischen Kirche galt lange die Krippe als das Weihnachtssymbol, erst langsam wurde der Tannenbaumbrauch übernommen. Dass Martin Luther den Weihnachtsbaum erfunden haben soll, stimmt nicht.

10. WEIHNACHTSMANN ODER CHRISTKIND

Mit Rauschebart und Goldflügel

Für eine Freundin habe ich vor Jahren etwas besorgt, das sie ihrem Mann zu Weihnachten schenken wollte. Ich klingelte abends bei ihr, um es ihr zu übergeben. Sie huschte aus der Haustür und hielt diese angelehnt. Sie bat mich nicht ins Haus – nicht, weil sie unhöflich gewesen wäre oder weil sie Sorge gehabt hätte, ich könne ein unaufgeräumtes Zimmer sehen. Nein. Auch hielten wir die Geschenkübergabe nicht deshalb heimlich ab, weil sonst ihr Mann etwas davon mitbekommen hätte. Er war gar nicht da. Aber ihre Kinder, damals im Grundschulalter, waren noch nicht im Bett.

»Pst«, machte meine Freundin und legte den Zeigefinger an die Lippen, »meine Kinder glauben an das Christkind. Sie dürfen nicht sehen, dass du mir das Geschenk für meinen Mann bringst. Sonst wundern sie sich an Heiligabend, dass der Papa etwas auspackt, was du und nicht das Christkind gebracht hast.«

»Verstehe«, flüsterte ich, übergab meine Besorgung und meine Freundin stopfte diese, als die Luft rein war, schnell in den Garderobenschrank.

Auf dem Heimweg dachte ich darüber nach. Meine Unaufmerksamkeit hätte beinahe Kindheitsträume zerstört. Es wäre wohl besser gewesen, meine Freundin hätte das Paket bei mir abgeholt. Aber es war ja gerade noch mal gut gegangen.

Mir fiel dazu eine Geschichte aus meiner Verwandtschaft ein, bei der tatsächlich der Glaube an das Christkind durch Beobachtung und Kombinationsgabe an einem Heiligabend ein jähes Ende fand: Die Kinder warteten brav – wie jedes Jahr – gemeinsam in einem Kinderzimmer. Wenn das Glöckchen aus dem Wohnzimmer ertönte, dann war das Christkind da gewesen und die Kinder durften ins herrlich geschmückte und mit Geschenken bepackte Wohnzimmer treten. Doch an jenem Heiligabend schaute eines der Kinder die ganze Zeit aus dem Fenster. Das Kinderzimmerfenster war direkt neben der Balkontür des Wohnzimmers. Das Kind beobachtete, dass die Balkontür geschlossen wurde, das Glöckchen ertönte. Da die Eltern den Kindern stets erklärt hatten, das Christkind flöge zur geöffneten Balkontür hinein, fragte das Kind misstrauisch: »Wie ist denn das Christkind in diesem Jahr ins Wohnzimmer gekommen? Ich habe die Balkontür genau beobachtet und nichts gesehen. Und plötzlich waren die Geschenke da. Das geht doch gar nicht.«

Damit war aufgeflogen, dass kein leibhaftiges Wesen durch eine Balkontür geschwebt war, voll bepackt mit vielen Geschenken.

Woher kommen die Geschenke?

Kinder stellen viele Fragen. Sie fragen auch: »Wenn der Weihnachtsmann jedes Kind auf der Welt beschenkt, wie schafft er das an einem Abend?«

Oder: »In den Kindernachrichten sagen sie, dass es Kinder gibt, die gar nichts bekommen. Wieso vergisst das Christkind die?«

Tja, und schon sitzen Eltern in der Erklärungsklemme.

Die Idee, dass ein Weihnachtsmann oder ein Christkind ganz geheimnisvoll durch die Lüfte fliegt – mit Rentieren auf einem Schlit-

ten, mit weißen oder goldenen Flügelchen –, durch Kamine rutscht
(wie es in vielen Ländern Brauch ist) oder sich anders heimlich Zu-
tritt zum Wohnzimmer verschafft, ist bezaubernd, romantisch und
im besten Sinne kitschig.

Ich muss zugeben, dass mir ein wohliger Schauer über den Rücken läuft, wenn ich das geraunte *»Holidays are coming«* des Back-
ground-Chors, begleitet von klingenden Glöckchen, eines bekannten Werbespots höre und sich viele amerikanische Trucks durch eine
dunkle Berglandschaft schieben und überall dort, wo sie vorbeifah-
ren, magisch Lichter aufblitzen und Kinderaugen vor Erstaunen
glänzend strahlen.

Ja, ich mag den Weihnachtskitsch!

Dieser Spot fängt gekonnt so viel ein, was für viele Menschen
Vorfreude auf Weihnachten bedeutet: Geborgenheit, Frieden, Harmonie, Freude, Sehnsucht, Liebe, Rührung, Geheimnis, Zauberei,
Träume, strahlende Kinderaugen. So gesehen finde ich es schade,
dass die Liebesbotschaft von Jesus nicht immer so gefühlvoll und
effektiv von der Kirche rübergebracht wird. Wenngleich die Weih-
nachtsgottesdienste zu den gefühlvollsten gehören: Kerzen, Krippe,
die frohe Botschaft und das Gänsehaut erzeugende »Stille Nacht«-
Lied. Viele Menschen, die sonst nicht viel mit der Kirche am Hut
haben, fühlen sich auch von diesen Gottesdiensten angezogen. Dennoch denke ich manchmal: »Da geht noch was. Liebe ist doch die
beste Botschaft überhaupt!«

Das Bezaubernde, Geheimnisvolle, Besondere und Freudige an
der Vorweihnachtszeit bemerken so viele Menschen, und das finde
ich wunderbar. Und ich kann die Eltern gut verstehen, die dem
Weihnachtsgeheimnis einen Weihnachtsmann oder das Christkind
zur Seite stellen. Es macht alles noch geheimnisvoller.

Mitte der Neunziger, als der erste Truck-Werbespot lief, war ich
ein Teenager. Möglich, dass ich aus nostalgischen Gründen so emotio-
nal auf diese Werbung reagiere. Da die Werbung aber seit über zwanzig Jahren läuft, scheinen die Werber einen Nerv getroffen zu haben.

Vielleicht sind es auch solche nostalgischen Gründe, aus denen viele Eltern ihren Kindern gern erzählen, dass der Weihnachtsmann oder das Christkind die Geschenke bringen. Sie erzählen sie gar nicht nur für ihre Kinder, sondern auch für sich selbst. Womöglich macht die Weihnachtsmann-Nummer den Eltern am Ende sogar mehr Spaß als ihren kleinen Kindern. Welche Geschichten Eltern ihren Kindern erzählen wollen, sollten sie selbst entscheiden.

Als unsere Kinder jünger waren, haben wir ihnen nicht vom Weihnachtsmann erzählt und nur indirekt das Christkind erwähnt. Weihnachten war bei uns in erster Linie der Geburtstag von Jesus. Dass mein Mann mit den Kindern in einem Kinderzimmer wartete, bis ich alle Geschenke unter dem Baum drapiert hatte, haben wir kaum kommentiert. Aufregend und spannend war es für die Kinder allemal. Unsere Tochter war vielleicht fünf Jahre alt, als sie im Zimmer wartend folgende Überlegung anstellte: »Wir sind Weihnachten immer mit Papa im Zimmer. Aber ohne Mama. Dann gehen wir ins Wohnzimmer und plötzlich sind Geschenke da. Also ist Mama das Christkind.«

Wir haben sie nicht belogen.

Somit wussten unsere Kinder zeitig über Weihnachtsmann und Christkind Bescheid. Da wir die Besonderheit von Jesu Ankunft auf der Welt herausgestellt hatten und der Heiligabend dennoch bei uns geheimnisvoll abläuft, hat ihnen – glaube ich – nie etwas gefehlt. Ihre Augen strahlen und leuchten jedes Jahr beim Anblick des mit Kerzen bestückten Weihnachtsbaums – wie die Kinderaugen in dem Werbespot.

11. HEILIGABEND

Oh, du fröhliche

Die Tür flog auf und unsere damals vierjährige Tochter sprang ins Schlafzimmer mit den Worten: »Das ist euer Geschenk!« Sie präsentierte uns, vor Stolz platzend, ihren im Kindergarten getöpferten Kerzenständer. Es war Heiligabend, morgens früh um sieben. Ich benötigte eine Sekunde, um zu registrieren, welcher Wirbelwind gerade ins Zimmer gefegt kam. Doch dann knuddelten wir unsere Tochter innig.

Es war so deutlich, dass sie vor Anspannung und Aufregung keine Minute länger mit der Geschenkübergabe hatte warten können. Diese kindliche Freude darüber, Menschen etwas zu schenken, die man lieb hat, ist fantastisch. Diese Freude ist rein und ehrlich und jeder sollte sie genießen.

»Pst, nicht verraten. Das wird ein Geschenk für Mama und Papa!«, hatten die Erzieherinnen unserer Tochter im Kindergarten augenzwinkernd eingetrichtert. Und nun hatte sich unsere Kleine seit Wochen mit diesem Weihnachtsgeheimnis herumgeschlagen. Sie hatte sich offensichtlich ein gutes Versteck überlegt, denn ich war nie beim Aufräumen über den Kerzenständer gestolpert. Sicher war es für sie sehr schwer gewesen, die Heimlichkeit für sich zu behalten, wo Kinder doch gern mit besonderen Neuigkeiten herausprudeln.

»An Heiligabend, da ist es so weit, da dürft ihr eure Geschenke übergeben«, haben sie im Kindergarten mutmaßlich erklärt. Jedenfalls hatte unsere Tochter befunden: Jetzt war Heiligabend, auch wenn es noch früh war, und da durfte sie uns endlich ihr lang gehütetes Geheimnis schenken. Sie hatte so viel Freude beim Schenken und wir freuten uns über ihre Freude, sodass wir ihr damals nicht verrieten, dass eigentlich auch die Kinder ihre Geschenke erst am Abend verteilten. An diese Anekdote erinnern wir uns immer wieder, weil sie so herzerwärmend ist.

Abgesehen von diesem sehr besonderen Start in den Heiligabend, so ist der Ablauf des 24. Dezembers bei uns alle Jahre in etwa gleich. Zu unserem Heiligabendritual gehört, dass wir den Baum vormittags schmücken. Es tönt fröhliche Weihnachtsmusik aus den Lautsprechern – dabei bevorzuge ich Songs wie *»Little dummer boy«*, *»We wish you a merry christmas«* oder *»It's beginning to look like christmas«*. Gern interpretiert von Künstlern wie Ray Charles und Bing Crosby. Meine heranwachsenden Kinder teilen meinen Musikgeschmack leider nicht mehr. Und wenn »Mama« endlich zwei oder drei von ihren Songs gehört hat, dann streamen sie Ariana Grande mit *»Santa tell me«* oder Mariah Carey mit *»All I Want for Christmas is you«*. Zu diesen Rhythmen dekorieren wir unseren Baum mit Kugeln, Sternen, Figuren und Kerzen. Viel Hilfe benötigen meine Kinder – sehr zu meinem wehmütigen Bedauern – nicht mehr. Sie können und wollen alles allein schmücken. Und so wurde ich über die Jahre vom »Hauptschmücker« zum »Kaumschmücker« degradiert. Aber das ist okay. Die Dinge ändern sich, wenn Kinder älter werden. Und wer weiß: Möglicherweise bin ich in ein paar Jahren wieder der »Hauptschmücker«, weil die Teenager dann noch im Bett liegen. Wir werden sehen. Mit der Baumschmückerei bringen wir jedenfalls den Vormittag gut rum, dann folgt ein schlichtes Mittagessen und dann, ja dann wird es immer aufregender.

Die Wartezeit gestaltet wohl jede Familie anders, manche vielleicht ähnlich. Es wird gesungen, ferngesehen, Geschichten werden gehört oder gelesen, Kaffee getrunken oder noch schnell die letzten Geschenke eingepackt.

Dann ist es endlich so weit: Die Kinder (und wir) schlüpfen in unsere Feiertagsgarderobe, welche weder aufgerüscht ist und eher an Maskerade erinnert noch Jogginghose heißt. Ich finde, zur Geburt Jesu können sich Kinder ein wenig herausputzen, aber es soll keine Verkleidung sein. Der Lieblingspulli oder eine Bluse funktioniert auch, es muss kein Ballkleid sein. (Einmal sahen wir im Gottesdienst einen Jungen mit einem BVB-Pullover. Mal abgesehen davon, dass dieses Statement in München recht gewagt ist, so zeigte der Junge, dass ihm sein Verein wichtig war.)

Heute ist die Kirche voll

Freudig machen wir uns auf zur Kirche. Wenn wir dort ankommen, ist die Kirche meist schon sehr voll. Unsere Tochter hat als Ministrantin immer einen reservierten Platz und für die jüngeren Kinder gibt es Sportmatten vor dem Altarraum. Und mein Mann und ich? Wir erwischen oft einen Platz auf bereitgestellten Bierbänken. Mich freut der Anblick einer vollen Kirche! Es ist viel schöner und lebendiger als in manchen Gottesdiensten, wo viele Bänke ganz frei bleiben. Schmunzeln musste ich, als eines Heiligabends eine ganze Bank weit vorn mit vielen Jacken und Handtaschen, aber nur mit einer Person besetzt worden war. Immer, wenn andere nachfragten, ob man sich setzen könne, hieß es von der Jacken-Betreuungsperson: »Nein, da kommen noch unsere Freunde.« Es war wie »Platz freihalten im Schulbus« oder »Liegen mit Handtüchern am Pool«. Ein Fragesteller wandte sich denn auch mit einem gebrummelten »Unmöglich!« ab. In der Tat ist es in Kirchen nicht unbedingt üblich, anderen Menschen ewig einen Platz freizuhalten. (Zumal meist genau die Menschen, die sonst eher selten oder gar nicht in die Kirche gehen, auf solche Ideen kommen. Allerdings sind die

Kirchen auch selten so voll wie zu Weihnachten und Ostern. Wäre mal spannend zu beobachten, ob es Jackenplatzhalter auch gäbe, wenn alle anderen Gottesdienste wieder voll wären.)

Zu dem Phänomen der übervollen Kirchen an Festtagen gibt es ja drei Sichtweisen: Den einen ist es egal, die anderen (meist regelmäßige Kirchgänger) ärgern sich, dass sie nun an ihren hohen Feiertagen »wegen der anderen« stehen müssen oder nichts mehr sehen, und es gibt die, die sich freuen, wenn kirchenferne Menschen Geschichten über Gott hören wollen.

So vielen Menschen ist es wichtig, an Weihnachten in der Kirche zu sein, sei es aus Nostalgie, weil sie als Kind immer gegangen sind, sei es, weil es zu Weihnachten irgendwie dazugehört, sei es, um Weihnachten als feierlich und als etwas ganz Besonderes wahrzunehmen. Und wenn nur einer, der sonst nie in die Kirche geht, an einem Weihnachtsgottesdienst die Idee der Liebe, der Nächstenliebe und der gemeinsamen Freude mitnimmt, darüber nachdenkt, was die Weihnachtsbotschaft für sein eigenes Leben heißen kann, dann ist das doch wunderbar.

So, da wir nun – ob auf Bierbänken oder Sportmatten – Plätze ergattert hatten, erwarteten wir gespannt den Familiengottesdienst. Zur Einstimmung spielt in unserer Gemeinde jedes Mal die Jugendband mit einer fabelhaften Sängerin. Nach dem Einzug und der Begrüßung folgt schon bald das Highlight: das Krippenspiel. »Es begab sich aber zu der Zeit«, liest der Lektor den Anfang des bekannten ersten Satzes aus dem Lukasevangelium vor. Ein Kind im Römerkostüm erklärt Maria und Josef, dass sie den weiten Weg nach Bethlehem gehen müssen, da Kaiser Augustus eine Volkszählung wünscht. Der mühsame Weg beginnt, die hochschwangere Maria wird von Gastwirten abgewiesen. Endlich finden sie einen Platz im Stall. Kinder in Engelkleidchen und Hirtenkostümen wuseln über die Bühne vor dem Altar. Viele Gesichter kennen wir, was das Gemeinschaftsgefühl für unsere Kinder, aber auch für meinen Mann und mich stärkt. Gemeinsam feiern wir Weihnachten, mit der Familie, mit Freunden, Bekannten, Schulkameraden, Nachbarn.

Ich finde es jedes Jahr rührend, wie emsig sich die Kinder auf ihren großen Auftritt vorbereitet haben, wie sie mit spürbarem Herzklopfen ihre einstudierten Sätze vortragen und damit das Weihnachtsfest für alle in der Kirche vollkommen machen. Die Weihnachtsgeschichte ist die Erzählung aus der Bibel, die Kinder am besten kennen. Weil sie fantastisch ist. Gott schickt uns seinen Sohn, Gott wird Mensch, Gott kommt auf die Erde. Er »regiert« nicht von oben herab. Nein, er macht sich klein, begibt sich auf Augenhöhe und in unsere Nähe. Ein Baby, das in einer Futterkrippe liegen muss – was für ein Zeichen. Kein goldener Löffel, kein Palast, kein Ferrari. Jesu Weg ist es, sich eines jeden anzunehmen und vor allem für die Schwachen da zu sein. Ich finde, das ist ein Weg, den jeder von uns versuchen sollte, zumindest teilweise mitzugehen.

In den Gottesdiensten am Heiligabend wird deshalb traditionell eine Kollekte für die Armen weltweit eingesammelt: In katholischen Gemeinden wird für Adveniat gesammelt, ein Hilfswerk, das Menschen in Lateinamerika unterstützt. In protestantischen Gemeinden geht die Kollekte an »Brot für die Welt«. Ob und wie viel man in den Klingelbeutel wirft, bleibt jedem selbst überlassen. Aber so kann eine Weihnachtskollekte das Licht der Hoffnung an die Armen weltweit weitergeben.

Zum Ende des Wortgottesdienstes gehen in der Kirche weitgehend die Lichter aus. Wie bei einem Rockkonzert stehen alle und es erschallt das Lied, das (beinahe) jeder auswendig kann: »Stille Nacht, heilige Nacht.« Es trägt einen von der vorfreudigen Aufregung in die tiefe Freude der Ankunft Jesu hinüber. Ja, er ist da. Er ist gekommen, um für uns da zu sein und uns zu zeigen, wie ein gutes Leben gelingen kann. Diesen Schwung nehmen wir mit hinaus, wünschen Freunden frohe Weihnachten und freuen uns nun auf die Bescherung, die Geburtstagsparty sozusagen. Jetzt wird gefeiert!

Obwohl unsere Kinder mittlerweile keine ganz kleinen Kinder mehr sind, haben sie noch immer dieses Strahlen in den Augen, das Lächeln auf den Lippen und das Staunen im Gesicht, wenn sie nach dem Ertönen unserer Weihnachtsglocke das Wohnzimmer betreten dürfen: Im schimmernden Glanz von Wachskerzen und Wunderkerzen erstrahlt der Tannenbaum ehrfurchtsvoll, zu seinen Füßen steht unsere Holzkrippe, begleitet von klassischer Weihnachtsmusik. Die Kinder halten inne, auch wenn es sie natürlich juckt, die Geschenke näher zu beäugen. Dennoch erfassen sie den Sinn, sich nicht gleich auf die Pakete zu stürzen, sondern diese besondere Atmosphäre, die es nur am Heiligen Abend gibt, noch ein wenig auf sich wirken zu lassen.

Und damit trotz eingehaltener Pause nicht anschließend das Geschenkpapierzerfetzen losgeht, machen wir es meist so, dass jeder reihum ein Geschenk auspacken darf und die anderen dabei zusehen, was derjenige geschenkt bekommt. Den Kindern geben wir zwei Runden Vorsprung, da sie es kaum aushalten. Wenn wir dann dran sind, bekommen wir zuerst die Geschenke von den Kindern. Mittlerweile halten sie es aus, ihr Geheimnis bis Heiligabend für sich zu behalten. Aber ihre Spannung und ihre Freude, uns etwas zu schenken, worüber sie sich viele Gedanken gemacht haben, vergeht nicht. Wie schön!

12. WEIHNACHTEN

Die erste Aufregung hat sich gelegt

Die Aufregung um Heiligabend hat sich gelegt. Die Kinder sind selig in ihre Betten gesunken, mal mit einem geschenkten Kuscheltier im Arm, mal neben einem parkenden Lego-Auto, mal in einem neuen Schlafanzug. Sie waren vor Freude so aufgewühlt, doch nun schlummern sie und träumen. Die Erwachsenen genehmigen sich noch ein Glas Wein bei Kerzenschein; die eine oder der andere macht sich zur Christmette auf; jemand blättert in seinem neuen Buch; andere quatschen mit Verwandten real, per Videoanruf oder am Telefon. So mag es in vielen Familien an Heiligabend aussehen. So auch bei uns.

Heiligabend wäre geschafft. Und bei wem es komplikationslos über die Bühne gegangen ist, der freut sich erleichtert. Noch ein Schluck, eine Marzipankartoffel. Weihnachtsmusik. Tropfendes Kerzenwachs, zerknülltes Geschenkpapier, gestapelte Teller in der Küche. Morgen, morgen wird aufgeräumt, heute der ausklingende Abend genossen. Ach, wie leuchteten die Kinderaugen! Wie viel Spaß hat das Brettspiel allen gemacht. Mit wie viel Fantasie haben die Kinder an ihren Geschenken gearbeitet.

Die Krippenfiguren strahlen einmütige Seligkeit aus. Christus, der Retter, ist da. Das Glas wird abgestellt, die Kerzen ausgeblasen. Morgen geht's erst richtig los.

Bude voll oder Spaziergang allein im Wald?

Am ersten oder zweiten Weihnachtsfeiertag macht sich halb Deutschland auf den Weg. Von »himmlischer Ruh« keine Spur. Es geht zu Oma und Opa, zur Tante, zum Bruder, zu den Cousins. So sehr sich die meisten auf die Feiertage freuen, so gehen sie nicht selten mit Familienzwist einher. Welche Großeltern werden zuerst besucht? Wer kommt alles noch? Wie lange bleiben wir? Diese Fragen sorgen schon zuweilen im Advent für Unruhe in den familiären Reihen.

Hinzu kommen die unterschiedlichen Charaktere, die eine Familie zu bieten hat, samt unterschiedlicher Vorstellungen von »schönen« Feiertagen. Während die einen gern die Hütte voll haben, sich freuen, wenn sich Matratzen zum Schlafen auf dem Boden stapeln und sich die Verwandtschaft in der Küche auf den Füßen steht, so haben es andere gern ruhig, bevorzugen einen Spaziergang durch den Wald, anstatt bei Torte gequetscht auf dem Sofa zu hocken. Es gibt die Verwandtschaft, die gern redet oder gern feiert oder gern isst oder gern ihre Ruhe genießt. Jeder hat so seine Vorlieben und hinzu kommen die unterschiedlichen Lebensphasen, die aufeinanderprallen. Wer beruflich ständig eine 60-Stunden-Woche fährt, oft auf Dienstreisen ist, hätte an Weihnachten vielleicht lieber ein paar Stündchen Zeit für sich. Wer kleine Kinder hat, die nachts zu den Eltern tapsen, mag am 25. Dezember vielleicht mal keinen Wecker stellen, um die Koffer zu packen und aufzubrechen. Wer unterm Jahr wenig Besuch bekommt, freut sich vielleicht über ein volles Haus.

Während es dem einen nichts ausmacht, tagelang zu backen, zu kochen, einzufrieren, würde die andere am liebsten Pizza bestellen. Die einen wollen das perfekte Essen servieren, auch wenn das Rezept zu schwierig ist. Die anderen wollen absolute Harmonie, Diskussionen über Politik und Religion sind tabu, Sticheleien gegen andere ebenfalls. Es gibt die Präsentierer auf Familienfeiern: »Schaut her, was ich alles kann!«, die Machtdemonstratoren: »Ich hab hier das

Sagen und alles läuft so, wie ich es will!«, die Quatschlustigen, die einfach mit jedem und über Gott und die Welt reden wollen, die Ausklinker, die lieber an der frischen Luft sind, bevorzugt allein.

Auf Weihnachten werden hohe Erwartungen projiziert, und es hat verdammt noch mal harmonisch, lustig, lecker und gemütlich zu sein. Aber alle Charaktere, alle Lebenssituationen und die unterschiedlichen Erwartungen in ein, zwei Tage zu stopfen, geht häufig schief. Wer hat bei all dem Stress, der Hektik, familiärem Streit und den schlaflosen Nächten (sei es aufgrund der unbequemen Gästecouch oder der konfliktbeladenen Gesprächen) noch im Blick, worum es eigentlich geht?

Ich muss zugeben, dass mir dieser Blick auch schon abhandengekommen ist. In meiner Vergangenheit gab es durchaus explosive Weihnachtsfeiertage. Das Kind in der Krippe und mit ihm die Liebe wurden zur Seite gedrängt. Weihnachten. Das Fest der Liebe und des Friedens. Gott kommt zu uns Menschen auf die Erde. Er will unter uns sein. Uns begleiten. Er schickt seinen Sohn, der als kleines Kind im Stall liegt. Jesus sagt uns, dass die Liebe der Weg ist. Eine einfache, wunderschöne und doch sehr schwere Botschaft.

Die meisten Menschen sehnen sich nach Liebe, Verständnis füreinander, Nachsicht bei Fehlern, Harmonie, Frieden. Die, die es schwer haben, wünschen sich, dass es jemand bemerkt und ihnen geholfen wird, ob finanziell oder psychisch. Auch freundliche Worte, ein Lächeln, ein Geschenk (oder eine Spende) können im Kleinen viel bewirken. Es geht nicht darum, dass ein Mensch die ganze Welt retten soll. Doch wenn jeder mit einer Kleinigkeit anfängt, ist viel gewonnen.

Wen kümmert eine angebrannte Soße? Ist es nicht egal, wenn die Frisur zu kurz ist? Müssen Angeberei, verletzende, niedermachende Worte und Streit an Weihnachten sein? Die Liebe sollte im Vordergrund stehen, wenn wir das Weihnachtsfest fröhlich feiern wollen. Denn das ist es, was zählt. Nicht der perfekte Braten, nicht die coolsten Geschenke, sondern das Miteinander und das Mitgefühl.

Meinen Kindern möchte ich nicht zeigen, dass Weihnachten permanenter Stress bedeutet. Meine Kinder sollen später nicht glauben, dass Perfektion – und für wen ist wann eigentlich etwas perfekt? – zu den Festtagen zwingend gehört. Ich möchte nicht, dass meine Kinder einmal Schnappatmung bekommen, weil zu hohe Erwartungen an die Feierlichkeiten sie zu erdrücken drohen. Sie sollen Weihnachten als ein fröhliches, liebevolles, freies Fest erleben. Wenn sie später Weihnachten ganz anders feiern wollen, als mein Mann und ich es tun, vielleicht mit einer großen Party oder allein auf einer einsamen Insel, dann entscheiden sie das.

Friede auf Erden

Konflikte an Weihnachten treten auch deshalb häufig auf, weil jeder mit anderen Erwartungen in die Feierlichkeiten geht und weil einige Konflikte im Jahresverlauf nicht geklärt wurden und an Weihnachten hervorbrechen, wenn die Menschen so viel Zeit miteinander verbringen.

Es könnte hilfreich sein, sich vor Weihnachten klarzuwerden, wie man selbst am liebsten feiern würde, und es dann mit Familie oder Freunden frühzeitig und möglichst ehrlich zu besprechen, denke ich. Eine Familie mit kleinen Kindern, die eine anstrengende Phase durchmacht, würde am liebsten nur mit ihrer sogenannten Kernfamilie feiern. Großeltern, Tanten, Onkel wünschen sich aber oft, auch die Enkel und Nichten zu sehen – am liebsten gleich zwei oder drei Tage. Da könnte ein Kompromiss sein, dass sich alle einfach nur für ein paar Stunden zum Kaffee treffen. Großeltern sehen Enkel, Eltern sind mit ihren Rackern aber auch wieder unter sich. Wer ein Vieraugengespräch intensiver findet, streckt die zahlreichen Verwandtschaftstreffen vielleicht über die Adventszeit, Weihnachten, bis Neujahr. Das entzerrt den Weihnachtsstress. Wer am liebsten große Partys feiert, lädt aus der Familie die ein, die auch gern in großen

Runden feiern, und vielleicht ein paar Freunde dazu. Statt Braten gibt es vielleicht Pasta, statt selbst gebackener Plätzchen und Torten vielleicht gekaufte. Belanglose Sticheleien kann der eine oder andere vielleicht an Weihnachten runterschlucken und sich zurücknehmen; größere Probleme könnten zu anderen Zeiten diskutiert werden.

Das alles soll nicht wie eine Anleitung zum »glücklichen Weihnachtsfest« klingen (auch wenn es sich möglicherweise so anhört), sondern nur als Denkanstoß dienen. Und bei wem die Weihnachtsfeiertage schon immer perfekt abliefen, der braucht ja auch nichts zu ändern oder zu überdenken. Manche Australier feiern Weihnachten übrigens mit einem Barbecue am Strand: Jeder bringt etwas mit, alle kommen und gehen, wie es passt.

Freunde von uns haben auch vor Jahren »ihr« Weihnachten entzerrt, um es entspannter zu haben. So feiern sie Heiligabend und den ersten Weihnachtstag nur in ihrer Kleinfamilie. Allen, aber vor allem den Kindern, gefällt es, nach dem aufregenden Heiligabend auszuschlafen, im Schlafanzug herumzutrödeln, mit den neuen Geschenken zu spielen. »Diesen Spiele-Feiertag genießen wir alle sehr«, sagte meine Freundin. Und wenn sie es zur Christmette nicht mehr geschafft hatte, dann ging sie am ersten Weihnachtstag zur Kirche. Die einen Großeltern besucht die Familie dann am zweiten Weihnachtstag und die anderen Großeltern später (zwischen den Tagen, zu Silvester oder am Wochenende um Dreikönig). Im Folgejahr werden dann die Großelternbesuche getauscht. Alle sind in der Familie damit einverstanden.

Kompromisse werden viele an Weihnachten eingehen, denn die Mitglieder einer Familie sind charakterlich unterschiedlich. Aber mit Verständnis und Rücksichtnahme, mit kleinen Tricks, die Vorbereitungen zu vereinfachen, können Weihnachtsfeiertage sehr harmonisch werden.

Weihnachten, das Fest der Liebe, das Fest der Geburt Jesu, unseres Liebesbotschafters, kann Kraft und Energie, Trost und Hoffnung, Freude und Mut schenken.

Und schließlich verkünden auch die Engel in der Weihnachtsgeschichte »Friede auf Erden« und weisen damit auf einen uralten Text
aus der Bibel hin:

Der Friedefürst

*Das Volk, das im Finstern wandelt, schaut ein großes Licht; über
denen, die im Land der Dunkelheit wohnen, erstrahlt ein Licht.
Du machst groß ihren Jubel und gewaltig ihre Freude. Sie freuen
sich vor dir, wie man sich in der Ernte freut, wie man frohlockt
beim Teilen der Beute. Denn sein drückendes Joch, die Stange auf
seinem Nacken, den Stock seines Bedrückers zerbrichst du wie am
Tag von Midian. Denn jeder Soldatenstiefel, der dröhnend auftritt, und jeder Mantel, in Blut gewälzt, wird verbrannt und ein
Opfer des Feuers. Denn ein Kind ist uns geboren, ein Sohn ist uns
geschenkt; die Herrschaft ruht auf seinen Schultern. Man ruft seinen Namen aus: Wunderbarer Ratgeber, Starker Gott, Ewiger
Vater, Friedensfürst. Groß ist die Herrschaft und endlos der Friede
für Davids Thron und sein Königreich, das er aufrichtet und festigt
in Recht und Gerechtigkeit von nun an bis in Ewigkeit. Der lei-
denschaftliche Eifer des Herrn der Heerscharen wird dies bewirken.*

(Jesaja 9,1–6)

Das ist die Ankündigung, die auf Jesu Geburt hinweist. Gott wird
Mensch. Das Licht geht auf. Schon immer hatten die Menschen zu
leiden. Krieg, Zerstörung, Mord, Hunger, Krankheiten, Missgunst,
Neid, Ungerechtigkeit ... Die Bibel, die Geschichte und die Gegen-
wart sind voll von diesen Zuständen und Ereignissen. Doch Jesus ist
das Licht der Welt. Er zeigt uns den hoffnungsvollen Weg, er erinnert uns an die Liebe, an Gerechtigkeit. Er macht die Herzen warm.

»Das Volk, das in der Finsternis wandelt, (...) über ihnen strahlt ein Licht auf.« – Ein alter Satz. Ein Satz, der mich immer wieder bewegt. Es sagt, es gibt Hoffnung, es gibt einen Weg. Finsternis kann vieles bedeuten. Globale Sorgen wie Kriege, Klimawandel, Hungersnöte, Atomwaffen, Terror. Die Finsternis kann persönlich sein. Krankheit, Depression, Tod.

Jesus will das Licht gegen diese bedrückende, furchtbare Finsternis sein. Er ist die Hoffnung, die Liebe und der Friede. Er kommt zu uns als armes Baby. Dieses mächtige Licht.

... strahlt ein Licht auf.

Weihnachten ist die beste Botschaft, die ich kenne. Es lohnt sich, dieses Licht weiterzutragen.

Fröhliche Weihnachten!

13. DREIKÖNIGSTAG

Und sie folgten dem Stern

An einem Nachmittag in den Weihnachtsferien tauchten meine Kinder und ich aus einer U-Bahn-Station auf und sahen die Sternsinger durch die Straße ziehen. Zwei von den drei Kindern kannten wir und so fragte ich: »Wart ihr schon bei uns? Haben wir euch verpasst?« Sie nickten.

»Könnt ihr nachher noch zu uns kommen?« Wieder ein Nicken.

Wir mögen die Sternsinger, vor allem, wenn Kinder mitmachen, die wir kennen, was meistens der Fall ist. Wenn sie ihre Ferien- oder Wochenendzeit schenken, um für Kinder in Not zu sammeln, dann möchten wir das unterstützen. Die drei zogen weiter und wir eilten nach Hause, um sie nicht ein weiteres Mal zu verpassen.

Am 6. Januar, dem Fest der Heiligen Drei Könige, rücken unsere Kinder die Königsfiguren bis zur Krippe vor. Denn an Heiligabend stehen die Weisen aus dem Morgenland noch weit hinter dem Tannenbaum und kommen jeden Tag ein bisschen näher an die Krippe heran. Sie bringen dem Jesuskind in der Krippe kostbare Gaben: Gold, Myrrhe und Weihrauch. Myrrhe steht für Heilung. Noch heute nutzt man sie in der Medizin, denn sie desinfiziert und hilft bei entzündetem Zahnfleisch. Der Weihrauch steht für »Gott ist bei Jesus« oder »Christus ist im Rauchfass«, aber auch dafür, dass der Rauch die Gebete der Menschen zum Himmel trägt.

In der Bibel heißt es: Die Sterndeuter (oder Könige, wie sie genannt werden) waren einem sehr hellen Stern gefolgt, der sie zu einem neuen König bringen sollte. Auf ihrer Suche waren sie bei König Herodes angekommen und hatten nach dem neuen König gefragt. Zwar ließ Herodes sie gen Bethlehem ziehen, verlangte aber, die drei Sterndeuter sollten zurückkehren und ihm sagen, wo der neue König zu finden sei. Herodes hatte nämlich beschlossen, keinen weiteren König neben sich zu dulden. Nachdem aber die Könige Jesus in der Krippe gefunden hatten, erschienen Engel und warnten Jesus, Maria und Josef sowie die Könige. Sie flohen und Herodes konnte Jesus nicht umbringen.

Eine etwas andere Weihnachtsgeschichte erzählt der Kinderbuchautor Erich Jooß in »Drei Könige«. Hier stapfen drei Jungen mit schiefen Kronen los. Einer der Jungen ist höchst unzufrieden mit der Situation. Es schneit und regnet, seine Krone weicht auf und er friert. Nein, so sei man doch wahrlich nicht heilig, sondern eher ein Bettler, denkt er.

Daher verwundert es wenig, dass kaum jemand die Türe für die Kinder öffnen mag. Doch diese drei Jungen geben nicht auf. Sie bitten im Dorf um Gaben für eine arme Familie mit einem Baby, die am Rande des Ortes haust. Es dauert eine ganze Weile, bis jemand bereitwillig teilt, aber dann bekommen die Jungen doch Brennholz, Milch und Brot geschenkt. Der Sack, den sie nun schleppen, ist schwer geworden. Jedoch stapfen die Jungen unverdrossen weiter und bringen die Gaben der Familie in dem alten, halb verfallenen Haus. Ein Stern auf einem Holzstock, den einer der Jungen vor sich herträgt, führt sie. Sie verspüren Angst, doch sie gehen weiter.

Die Familie ist eine Flüchtlingsfamilie. Bereitwillig helfen die Königsjungen beim Feuermachen, damit es die Familie mit dem Kind schön warm hat. Das Buch »Drei Könige« erzählt auf eine ungewöhnliche Art vom Weitermachen trotz widriger Umstände, vom Sich-leiten-Lassen und von Freude, die anderen geschenkt werden kann.

Mich erfreut es immer, wenn ich neben den klassischen Geschichten Bücher entdecke, die eine bekannte Thematik neu oder anders aufgreift. Ich finde, es lohnt sich, Kindern solche Geschichten vorzulesen, gemeinsam mit ihnen zu lesen und zu besprechen.

Es klingelte und wie zuvor versprochen standen die Sternsinger vor unserer Tür. Sie sagten ein Gedicht auf und nahmen unsere Spende entgegen. Anschließend bekamen wir den Segen »20* C+M+B 19« an die Tür geschrieben und die Kinder bekamen Schokolade zum Dank für ihr Engagement von uns.

Wir freuen uns jedes Jahr, wenn Sternsinger zu uns kommen und wir sie durch unsere Nachbarschaft laufen sehen.

Kurz erklärt:

Der Stern der **Sternsinger** symbolisiert den Stern, dem die Weisen aus dem Morgenland gefolgt sind, CMB heißt »*Christus Mansionem Benedicat* – Christus segne dieses Haus« und die drei Kreuze stehen für »Im Namen des Vaters, des Sohnes und des Heiligen Geistes«. Die Sternsinger des Kindermissionswerkes sammeln für über 1400 Projekte für in Not geratene Kinder weltweit. Seit fast 60 Jahren ist das Kindermissionswerk das Hilfswerk der Sternsinger. Unter dem Motto »Kinder helfen Kinder« sind jährlich ca. 300.000 Kinder und Jugendliche um Dreikönig unterwegs. Weitere Infos zu den Sternsingern gibt es auf Sternsinger.de.

14. FASTENZEIT

Die Gummibärchen, die Mülltrennung und die Frage nach dem Sinn

Fastenkur, das klingt gesund; detox – das klingt mondän. Aber Fastenzeit? Fastenzeit, das klingt ein wenig altbacken. Das klingt eher nach fleischfreien Freitagen bei meiner Oma. Das klingt nach eingesperrten Karnevals-Bonbons im Glas. Sagen wir so: Die Fastenzeit hatte für mich als Kind immer einen faden Beigeschmack. Die gerade auf dem Straßenkarneval emsig eingesammelten Bonbons mussten an Aschermittwoch weggeräumt werden und durften bis Ostern nicht angerührt werden.

Na toll, dachte ich mir damals. Wofür die Mühe, den Kamellen hinterherzulaufen, wenn ich sie wenige Tage später schon nicht mehr naschen darf? Auch gab es in der Fastenzeit hin und wieder fleisch- und marmeladenlose Freitage – vor allem bei meinen Omas. Ich mochte aber keinen Käse. Das waren dann sehr lange und trockene Freitage für mich, bis ich Samstag endlich wieder Marmelade aufs Brot schmieren durfte.

Das Thema Fastenzeit ist groß. Viele Aspekte könnte ich beleuchten, aber das würde ausufern. Wenn Erwachsene ihren Kindern die Fastenzeit näherbringen wollen, wäre es gut, sich zunächst selbst damit zu beschäftigen. Was könnte eine Fastenzeit für mich eigentlich bedeuten?

Kurz erklärt:

Für Christen beginnt die »**Fastenzeit**« (oder auch »österliche Bußzeit«) am Aschermittwoch. Als meine Großeltern jung waren, bedeutete Fastenzeit, dass alle gesunden Erwachsenen nur eine volle Mahlzeit am Tag zu sich nahmen; auf Fleisch wurde verzichtet. Heute schreibt die Kirche den Gläubigen nicht mehr so detailliert vor, auf was sie während der Fastenzeit verzichten müssen. Es gibt nur noch zwei strenge Fastentage: Aschermittwoch und Karfreitag. Vierzig Tage dauert die Fastenzeit: von Aschermittwoch bis Gründonnerstag (Sonntage sind ausgenommen, da sie als Festtage gelten). Damit umfasst die Fastenzeit rein rechnerisch nur achtunddreißig Tage, weshalb Karfreitag und Karsamstag noch als Fastentage hinzugezählt werden. Die 40 Tage haben auch eine symbolische Bedeutung: Jesus ging, bevor er gekreuzigt werden sollte, vierzig Tage in die Wüste, um zu fasten. Dort widerstand er dem Hunger und den Versuchungen des Teufels (Matthäus 4,1–11). Ein bis heute gängiger Satz wird im Matthäusevangelium von Jesus überliefert: »Nicht vom Brot allein lebt der Mensch, sondern von jedem Wort, das aus dem Mund Gottes kommt.« Die Idee ist, durch das Fasten den Blick mehr auf den Geist zu richten.

Als Kind mochte ich die Fastenzeit nicht. Als junge Erwachsene habe ich sie ignoriert und im Alltag einfach normal weitergemacht. Erst mit der Geburt der Kinder habe ich mich wieder näher mit dem Fasten vor Ostern beschäftigt. Und wie man in jedem Urlaub etwas neu entdecken kann, so lässt sich auch jede Fastenzeit neu gestalten, ein neuer Aspekt entdecken. Wer über althergebrachte Rituale hinausschaut, erkennt Impulse, die für den eigenen Alltag gelten können.

Verzicht zum Gewinn

In unserer stark von Konsum geprägten Umgebung fällt es nicht immer leicht, auf etwas zu verzichten, sich zu begnügen, sich zu fragen, ob man etwas wirklich braucht. Besteht der Sinn des Lebens darin, sich immer mehr leisten zu können? Mehr Schuhe, mehr Spielzeug, mehr Reisen? Geld beruhigt, klar. Wirtschaftlich abgesichert zu sein, ist ein gutes Gefühl. Aber sollte da, wo keine Existenznöte herrschen, der Sinn des Lebens darin bestehen, immer noch mehr Geld haben zu wollen, noch mehr zu konsumieren?

Gute Freundschaft lässt sich nicht kaufen; wahre Liebe gibt es für kein Geld der Welt; Gesundheit lässt sich mit Geld unterstützen, aber Geld kann eine schwere Krankheit oder einen Unfall nicht verhindern. Macht ein Mehr an Gütern glücklicher?

Wer existenzielle Nöte hat und nicht weiß, ob er Geld übrig hat, um dem Kind einen Schulausflug finanzieren zu können, der hat wahrhaftig Sorgen. Da gibt es nichts kleinzureden. Doch ich meine die Menschen – uns eingeschlossen –, die sich keine Sorgen machen müssen, ob sie die nächste Miete bezahlen können oder ob im Herbst ein paar Winterstiefel für die Kinder drin sind. Sollten wir uns nicht hin und wieder fragen, was Sinn ergibt? Brauche ich das wirklich? Schaffe ich es, auf etwas zu verzichten?

Managerinnen und Künstlerinnen, Geschäftsführer und Musiker gehen ins Kloster, machen Exerzitien. Reportagen und Interviews über ihre Erfahrungen lese ich oft. Es gibt Achtsamkeitskurse und Yoga. Die Menschen hören Entspannungsmusik. Die Rede ist von Entschlackungskuren und »Digital Detox«. All das ist ziemlich angesagt. Und ja, es hat seine volle Berechtigung. Viele von uns knallen sich ihr Leben zu voll. Zu voll mit Stress, zu voll mit Arbeit, zu voll mit Erwartungshaltungen, Perfektionismus, zu voll mit Handys, zu voll mit Konsum.

Nicht nur Ernährungscoaches und Entrümpelungsbücher geben Ratschläge und Hinweise, auch die Bibel tut es.

Laut einer Umfrage besitzt in Deutschland jeder Zweite eine Bibel. Doch die meisten glauben, sie sei ein altes Buch, das modernen Menschen nichts mehr zu sagen hat. Bemerkenswert an den biblischen Texten finde ich, dass sie alt und modern sind: Gott ruhte am siebten Tag. (Auch wir sollten auf Pausen und Ruhe achten.) Jesus ging in die Wüste und hungerte, um seinen Geist frei zu machen. (Es tut gut, sich zu lösen, mal zu verzichten, sich etwas bewusst zu machen.)

Ich versuche, Jesus auch als eine Art Philosophen zu sehen, Hinweise aus der Bibel auf das eigene Leben hin zu überprüfen. Dann finde ich vieles, was ich bei Experten für Sinnsuche oder Entschleunigung auch finden kann. Dabei möchte ich nicht das eine gegen das andere stellen. Eine Vesper mit gregorianischen Gesängen hat bei mir eine ähnlich meditative Wirkung wie Yoga. Beides finde ich gut. Wer also auf Sinnsuche ist, kann sich auch im Christentum umschauen.

»Kann ich Gummibärchen gegen Salzstangen tauschen?«

Es ist schon eine Weile her, als mein Mann und ich besprachen, auf was wir in der Fastenzeit verzichten wollen. Wir entschieden uns für: keinen Alkohol, keine Knabbereien und weniger Handy.

»Warum macht ihr das?«, fragten die Kleinen damals. Ich erklärte ihnen, dass wir uns in der Fastenzeit vornehmen, auf Sachen, die wir ganz gern mögen, oder auf Sachen, die nicht so super für uns sind, wir aber dennoch nutzen, zu verzichten. Die Kinder waren

Feuer und Flamme und warfen Chips, Schokolade und Gummibärchen in den Topf. »Ich finde es schön, dass ihr mitmachen wollt, sechs Wochen lang auf etwas zu verzichten. Das wird euch sicher nicht leichtfallen«, sagte ich.

»Was? Sechs Wochen?«, grätschte mein Sohn in meine Erklärung, für den schon eine Woche ein unvorstellbar langer Zeitraum war. »Kann ich Gummibärchen in Salzstangen umtauschen? Salzstangen ess ich ja nicht oft. Die würde ich nicht vermissen, aber sechs Wochen keine Gummibärchen? Das geht nicht!«

Schmunzelnd gewährte ich ihm den »Umtausch«. Es war seine erste bewusste Fastenzeit als Kindergartenkind und ich wollte ihn nicht überfordern. Nachdem das geklärt war, fragte er aufgeregt: »Und wann beginnt das Wettrennen?« Er betrachtete die Fastenzeit offenkundig als eine Art Spiel. Wer hält es am längsten ohne seine Lieblingssüßigkeit (oder Zweitlieblingssüßigkeit) aus? Von mir aus konnte er es auch spielerisch sehen. Er war ja noch klein.

In der Fastenzeit geht es nicht darum, Diät zu halten oder sich alles, was Spaß macht, zu versagen. Die Fastenzeit ist die Vorbereitungszeit auf Ostern. Diese Zeit können wir nutzen, uns bewusst zu hinterfragen: Sind wir freundlich und hilfsbereit unseren Mitmenschen gegenüber? Denken wir an andere oder nur an uns? Gehen wir Jesu Weg der Nächstenliebe? (Die Fragen ähneln ein wenig denen, die sich viele auch in der Adventszeit stellen. Die Vorbereitungszeit auf Weihnachten und auf Ostern ist sich auf den zweiten Blick betrachtet ähnlicher, als man von ferne meint.)

In der Fastenzeit können wir vor uns und vor Gott bekennen, wenn wir etwas nicht richtig gemacht haben, wenn wir Fehler gemacht haben. Und wir können versuchen, unser Verhalten zu ändern. Man kann diese Zeit als Zeit des Innehaltens, des Nachdenkens und des Umkehrens betrachten. Auch das habe ich mit den Kindern besprochen. Wir sprachen darüber, wie wichtig es ist, anderen zu helfen oder sich nach einem Streit wieder zu versöhnen.

Rituale wie der Verzicht auf Süßes können die Idee der Fastenzeit flankieren. Es geht nicht darum, ob man es schafft, absolut kein Stück Schokolade gegessen zu haben. Denn ich hörte Sätze von meinen Kindern wie: »Ich halte es nicht mehr aus! Darf ich ein kleines Stück essen?«

Aber ein bewusster Verzicht und das Diskutieren darüber können uns daran erinnern, worüber wir uns Gedanken machen können. Ist es nötig, dem Kind die fünfte Jeans zu kaufen, wenn noch vier passende im Schrank hängen? Einmal begleitete ich eine Schulklasse zu einem Nachhaltigkeitswandertag. Es ging um Klamotten, die in armen Ländern, manchmal von Kindern, hergestellt wurden. Die Kursleiterin fragte die Kinder, wie viele Pullover sie im Schrank hätten. Fünf, acht, zehn lauteten die Antworten. Ein Mädchen sagte: »Ich habe zwanzig.« Und die Kursleiterin staunte. Die günstige Wegwerfmode der Modeketten macht es möglich.

Seit geraumer Zeit beschäftigen sich die Kinder zunehmend mit Umweltschutz und Nachhaltigkeit. Es gibt entsprechende Projekte in Schulen; die Kinder sehen und lesen von den Demonstrationen wie »*Fridays for Future*«; sie trennen Müll und drängen Eltern, Plastik zu vermeiden. In diesen Kontext passt auch die Fastenzeit. Was benötige ich wirklich? Worauf kann ich verzichten, auch zum Schutz der Umwelt? So kann sich eine Familie vornehmen, in der Fastenzeit keine neuen Anschaffungen zu machen und sich in den sechs Wochen zu fragen: Brauche ich ein paar Schuhe, weil die alten kaputt oder zu klein sind, oder will ich sie nur haben, weil sie schick aussehen? Kaufe ich einmal einen teuren Pullover, der in Europa und mit Einhaltung von Umweltstandards hergestellt wurde? Ähnliches gilt für Fleisch. Fleisch ist über die Jahre so billig geworden, dass die meisten in Deutschland lebenden Menschen sich regelmäßig Fleisch und in viel größeren Mengen als früher leisten können. Doch um welchen Preis?

Mittlerweile betrachte ich die Fastenzeit nicht mehr nur als Zeit des Verzichts, sondern auch als eine Zeit, in der ich mich und die

Kinder frage: »Wo kann ich helfen? Was kann ich Gutes tun?« Immer wieder sehen wir gemeinsam ihre Kinderbücher durch. Die Kinder fischen dann zwei oder drei gut erhaltene Bücher heraus, die wir der Kindergartenbücherei oder der Schulbücherei schenken. In der Zeit des Corona-Lockdowns im Frühjahr 2020 haben unsere Kinder Osterkekse gebacken, die wir den Nachbarn geschenkt haben. Diese Idee fand gleich Nachahmer bei einer befreundeten Familie und alle haben sich gefreut, Jungbäcker wie Nachbarn.

Die österliche Fastenzeit ist kein Diätplan für den Körper. Sie dient der Fokussierung, des Nachdenkens. Es ist nicht immer bequem, sich mit dem eigenen Handeln auseinanderzusetzen, aber es kann befreiend wirken. Den Geist entrümpeln, sein Tun hinterfragen. Für mich bedeutet Fasten im christlichen Sinn nicht Verzicht, sondern Zugewinn – an Erkenntnis, neuer Kraft und Sinnhaftigkeit.

Tipps für die Fastenzeit mit Kindern:

- 40 Tage »weniger«: weniger Süßes, weniger Fernsehen, weniger Handy, weniger Computerspiele, weniger Klamotten, weniger Fastfood, weniger Streit, weniger »ich«.
- 40 Tage »mehr«: mehr lesen, mehr Rad fahren, mehr Gemeinschaftsspiele, mehr puzzeln und basteln, mehr Familienzeit, mehr »bitte und danke«, mehr Hilfe anbieten, mehr Spaziergänge durch die Natur, bei denen wir mehr wahrnehmen: Tiere, Pflanzen, Wald und Wiese.
- 40 Tage »freundlich-kreativ«: der Tante einen Kuchen backen, Osterkekse für die Nachbarn, entfernt lebenden Verwandten oder Freunden einen Brief schreiben oder ein Bild malen, aus »Müll« etwas Kreatives basteln, sehr gut brauchbares Spielzeug ausrangieren und an andere Kinder verschenken, Ostereier bemalen und das eine oder andere verschenken.

Tipps für die Eltern:

40 Tage »weniger«: weniger meckern, sondern den Kindern erklären, was anders laufen könnte, weniger Ungeduldigsein mit Kindern und Partner (Unzufriedenheit anzusprechen, Themen zu diskutieren bringt einen langfristig weiter, als sofort zu meckern und zu nörgeln), weniger Sich-stressen-Lassen, weniger Handy, weniger shoppen, weniger streamen, weniger Auto fahren …

40 Tage »mehr«: mehr Familienzeit, mehr Vorlesen, mehr Gemeinschaftsspiele, mehr Höflichkeit, mehr Hilfsbereitschaft, mehr Bewegung, mehr Natur, mehr Pausen, mehr wahrnehmen, mehr Bewusstmachen.

Übrigens: In der Corona-Zeit führten wir eine Abendrunde ein, bei der jedes Familienmitglied drei schöne Dinge des Tages aufzählen sollte (»Ich fand schön, wieder in die Schule zu dürfen.« – »Ich fand schön, meine Freundin zu sehen.«) und nur ein negatives Erlebnis war erlaubt. Es hilft, sich die schönen Sachen, Begegnungen bewusst zu machen – gerade wenn das Leben nicht ganz so leicht ist.

15. OSTERN

Was hat das Osterlamm mit Jesus zu tun?

Einmal verließ ich nach der Osternacht die Kirche. Allein. Die Kinder waren noch klein und schliefen längst. Im Inneren bewegt und gewärmt, da wir soeben in einem Lichtermeer aus Kerzen, entzündet am Licht der Osterkerze, die Auferstehung gefeiert hatten, spazierte ich durch eine dunkle, kalte Nacht. Es roch nach Schnee – wie es für Serienheldin Lorelai bei den »Gilmore Girls« nach Schnee riecht, allerdings vor Weihnachten. Als gebürtige Westfälin war das Münchner Wetter ziemlich neu für mich. An Heiligabend hatten wir schon zwanzig Grad und Sonne gehabt, zu Ostern … Schnee? Abwarten. Zu Ostern gehört Frühling. Die Sonne strahlt, die Osterglocken blühen, die Natur erwacht, schenkt neues Leben. Na ja, im Münsterland regnet es schon mal. Jedenfalls ging ich beschwingt heim und freute mich darauf, am kommenden Morgen für die Kleinen den Osterhasen zu spielen und Ostereier zu verstecken.

kurz erklärt:

Ostereier sind keine moderne Erfindung. Schon bei den ersten Christen war das Ei ein Symbol für das Fest der Auferstehung. Im Ei wächst Leben. Die Schale des Eis wirkt hart, ist aber zerbrechlich. Jesus schob den Grabstein beiseite, um zu leben, das Küken zerbricht die Schale. Mit dem Verschenken der Eier wird auch das Ende der Fastenzeit gefeiert: Früher waren in der Fastenzeit nämlich neben Fleisch auch Eierspeisen untersagt. Um die gelegten Eier haltbar zu machen, wurden sie gekocht, gefärbt und bis Ostern aufbewahrt.

Warum der Hase ein Symboltier für Ostern geworden ist, ist ungeklärt. Eine Theorie besagt, der Hase sei zum **Osterhasen** geworden, als einem Bäcker ein Osterlamm so misslang, dass das Lamm wie ein Hase aussah. Der Hase gilt in der Kirche schon lange als Symbol für Lebenskraft, Auferstehung und Fruchtbarkeit – wohl auch weil Häsinnen so oft Nachwuchs bekommen. (Eine Feldhäsin bekommt drei- bis viermal pro Jahr Junge.) Sogar in alten mittelalterlichen Kathedralen lassen sich Kirchenfenster mit Hasen finden, so zum Beispiel das Dreihasenfenster im Dom zu Paderborn.

Um vor den Kindern auf den Beinen zu sein, stellte ich mir für Ostersonntag (!!!, Eltern wissen, wie wichtig jede Minute Schlaf ist) einen Wecker. Ich rappelte mich auf und sah aus dem Fenster. Tatsächlich Schnee. Na bravo. Kurzerhand hoppelte ich durchs Wohnzimmer und versteckte Schokoladeneier wie Osterhasen unterm Sofa, hinter Kissen, zwischen Büchern. Dann deckte ich den Osterfrühstückstisch. Im Laufe der Jahre änderte sich die Dekoration immer ein wenig, da Kinder im Kindergarten, daheim oder in der Schule immer neue Dinge bastelten: Ausgediente Glasflaschen, beklebt mit Ostermotiven (z. B. Servietten mit Hasen und Eiern) wurden zu österlichen Vasen umfunktioniert; bunt bemalte Eier hingen an einem Strauch; das obligatorische Kressebeet beherbergte einen aus braunem Tonpapier gebastelten Hasen und aus gelben Wollknäulen hatten meine Kinder knuffige Küken gezaubert. (Zwei aufeinandergelegte Ringe aus Pappe werden mehrlagig mit gelber Wolle umwickelt, dann schneidet man die Fäden zwischen den beiden Ringen auf, ein langer Faden wird zwischen den beiden Ringen um die Mitte gewickelt, anschließend entfernt man die Pappringe und zupft die aufgeschnittene Wolle auseinander, voilà: ein Pompon, Augen und Schnäbelchen aufkleben und fertig ist das Wollküken).

Später fühlte sich unsere Tochter zuständig für das Backen des Osterlamms (hatte ich schon erwähnt, dass ich nicht gern backe und mich freue, wenn meine Tochter das übernimmt? Sie macht es sehr gut!).

⌐ Rezept für ein Osterlamm ⌐

150 g weiche Butter, 130 g Zucker, 1 Prise Salz, 3 Eier, 180 g Mehl, 2 TL Backpulver, 2–3 EL Zitronensaft

Die zwei Hälften der Lammform einfetten und mit etwas Mehl bestäuben. Backofen auf 160 Grad (Umluft) oder 180 Grad vorheizen. Butter mit Zucker und Salz schaumig rühren. Die Eier nach und nach hinzugeben und verrühren. Mehl mit Backpulver verrühren und abwechselnd mit Zitronensaft zugeben und verrühren. Den Teig in die Lammform füllen und ca. 40 Minuten backen. Aus dem Ofen nehmen und vollständig erkalten lassen. Anschließend mit Puderzucker, Kokosraspeln oder Schokolade nach Belieben verzieren.

Kurz erklärt:

Das gebackene **Osterlamm** ist eines der bekanntesten christlichen Symbole zum Osterfest. Seinen Ursprung hat es in der Bibel: Jesus wird auch als das »Lamm Gottes« (*Agnus Dei*) bezeichnet; das unschuldige Lamm, das stirbt. Wenn wir an Ostern Jesu Auferstehung feiern, feiern wir seinen Sieg über den Tod. Im Johannesevangelium heißt es: »Seht das Lamm Gottes, das die Sünde der Welt wegnimmt.« (Joh 1,29)

Aber an jenem verschneiten Ostermorgen waren die Kinder noch zu jung, um in die Osterfrühstücksvobereitungen involviert zu werden. Somit war das mein Job. Nachdem die letzten Osterservietten ihren Platz auf dem gedeckten Tisch gefunden hatten, rief ich in Richtung Kinderzimmer: »Der Osterhase war da!«

Komplett angezogen stiefelten die Kinder ins Wohnzimmer und staunten nicht schlecht, als sie die Flocken draußen wirbeln sahen: »Unter dem Schnee finden wir die Eier ja nie!«

»Tja, der Osterhase war schlau«, sagte ich. »Er hat die Eier schön warm und trocken im Wohnzimmer versteckt.«

Sofort liefen die Kinder umher und suchten alles ab, nicht ohne den Kommentar unserer Großen: »Ich weiß doch längst, dass du der Osterhase bist, Mama.« Doch dieses Wissen tat der emsigen und freudigen Suche keinen Abbruch! Mit reicher Beute setzten sie sich an den Frühstückstisch und freuten sich über Sonntagsbrötchen. Übrigens, den Hasen aus Kinderschokolade bekommt bei uns immer der Papa (nicht die Kinder). Es ist sein Lieblingshase. Die Kinder hingegen bevorzugen die niedlichen Goldhasen – und trauen sich dann Monate lang nicht, sie zu köpfen. Sie sind doch so putzig. Meist findet sich die Schokolade dann irgendwann kurz vor dem

Ablaufdatum in Brownies wieder, doch bis dahin hocken sie zuckersüß in den Kinderzimmern.

Nach dem Frühstück machen wir uns gemeinsam zum Ostergottesdienst auf. Als die Kinder jünger waren, gingen wir in den Kindergottesdienst im Pfarrheim. Auch wenn sich schon einiges verändert hat, so finde ich dennoch, dass es rund um Ostern zu wenig Angebote speziell für Kinder gibt. Manche Pfarreien bieten Bibeltage vor Ostern an (weil die Kinder Ferien haben) oder Kinderkreuzwege an Karfreitag. Dies geschieht punktuell, ist aber nicht selbstverständlich. Auch große Familiengottesdienste wie an Weihnachten habe ich in manchen Kirchen an Ostern zuweilen vermisst. Da verwundert es kaum, dass Ostern im Ranking der schönsten Feste bei Kindern nicht auf dem ersten Platz steht (obwohl es das höchste christliche Fest ist).

Einmal fragte ich meine Tochter: »Sag mal etwas zu Ostern.«

»Hm, Ostern ist nicht so cool wie Weihnachten«, antwortete sie prompt.

»Warum nicht?«, wollte ich wissen.

»Das Familienfrühstück und das Ostereiersuchen sind ja sehr schön, aber dann ist es schon wieder vorbei. Weihnachten dauert irgendwie länger.«

»Könnte es daran liegen, dass es vor Weihnachten keinen Karfreitag gibt, der auf die Stimmung drückt?«, fragte ich.

»Nö. Karfreitag finde ich gar nicht so deprimierend.«

Ein Fest mit Vorgeschichte

Dass meine Tochter Karfreitag nicht so deprimierend findet, liegt vermutlich daran, dass ich die Kinder noch nie zur Karfreitagsliturgie mitgenommen habe. Um 15 Uhr, der Todesstunde, gedenken wir dem Leiden und Sterben Jesu. Ich habe sehr einfühlsame, anrührende Liturgien erlebt, die mich sehr mitgenommen haben. Aber ebenso sehr kalte und martialisch anmutende Liturgien, wie ich sie vor Jahren in der St.-Hedwigs-Kathedrale in Berlin erlebt hatte. Das will ich meinen Kindern nicht zumuten. Sie kennen die Karfreitagsgeschichte. Sie wissen, dass Jesus zum Tode verurteilt wurde, sein Kreuz tragen musste und daran gestorben ist. Das reicht erst mal. (Aus diesem Grund ist der Religionspädagoge Albert Biesinger übrigens auch dagegen, dass Eltern im Wohnzimmer ein Kreuz mit einer bluttriefenden Jesusfigur aufhängen. »Ein Kreuz ohne Körper ist für viele Kinder als Symbol erst einmal leichter zu verstehen«, ist er überzeugt.)

An dem traurigen Karfreitag lag es also nicht, dass sich Ostern nicht wie Weihnachten anfühlte. Klar, Weihnachten ist kuscheliger und die Geschichte ist einfacher zu verstehen: Gott kommt zu uns auf die Erde, er schickt uns seinen Sohn, der als Baby in der Krippe liegt. Das besondere Kind ist da, das kann man feiern. Logisch. Ostern hingegen, wo Jesus zunächst Demütigungen und Qualen an Karfreitag erdulden muss, dann stirbt und drei Tage später doch irgendwie wieder da ist, ist eben anders. Bedrückender. Und das Geheimnis der österlichen Auferstehung ist nicht leicht zu verdeutlichen.

Um es meinen Kindern besser erklären zu können, habe ich mich immer wieder mit der Thematik beschäftigt. Was Jesus für uns getan hat, dass er sich hat verspotten lassen, sich hat kreuzigen lassen, obwohl er unschuldig war und auch Angst hatte, das ist beinahe unglaublich. Durch sein Opfer können wir frei sein. Daran glaube ich.

Noch wenige Tage vor Karfreitag, an Palmsonntag, wurde Jesus wie ein Held gefeiert und umjubelt. Viele Menschen breiteten ihre Kleider auf der Straße aus, andere schnitten Zweige von den Bäumen und streuten sie auf den Weg. (Matthäus 21,8) Auch unsere Kinder mögen die Palmsonntagsprozession mit den selbst gebastelten Buchsbaumsträuchern. Zum Brauch gehört es, an Palmsonntag einen »Palmbuschen« oder »Palmzweig« dabeizuhaben. Weil es hierzulande keine echten Palm- und Ölzweige gibt (Palmen sind das Symbol für den König, Ölzweige ein Symbol für Frieden), nehmen wir andere Zweige wie Buchsbaum- oder Haselzweige. In manchen Kindergärten oder im Pfarrheim werden vor Palmsonntag Palmbuschen gebastelt. Natürlich kann aber jede Familie mit ihren Kindern daheim basteln. Unsere Gemeinde trifft sich an Palmsonntag an einem Feldkreuz, von welchem anschließend alle in die Kirche einziehen – vorne weg zieht ein Ministrant einen Stoffesel auf Rädern. Mit den vielen Kindern und ihren bunten Palmzweigen erinnert die Prozession ein wenig an den Laternenumzug am Martinstag. Für Kinder sind diese herausragenden kirchlichen Ereignisse besonders schön, da sie mehr eingebunden werden und der Ablauf anders als in »normalen« Gottesdiensten ist.

Doch nach dem großen Jubel wird alles anders. Jesus verabschiedet sich an Gründonnerstag von seinen Freunden. Gründonnerstag spielt bei unseren Kindern keine besondere Rolle. Ich finde auch nicht, dass es das muss. Aus den Bibelgeschichten wissen die Kinder, dass Jesus an Gründonnerstag das letzte Abendmahl mit seinen Jüngern (oder Freunden, wie ich sie oft nenne) feierte. Jesus wusste, was auf ihn zukam, und er wollte ein letztes Mal mit seinen Lieben beisammen sein.

Wenig später macht sich Jesus auf, um zu beten. Er weiß, dass er sterben muss, und obwohl er Gottes Sohn ist, hat er große Angst. (Jesus kniete nieder und betete: »Vater, wenn es dein Wille ist, so lass diesen Kelch an mir vorübergehen; doch nicht mein Wille geschehe, sondern der deine!« Da erschien ihm ein Engel und stärkte ihn. Und als er in Angst geriet, betete er noch eindringlicher, und es wurde sein Schweiß wie Blutstropfen, die niederrannen zur Erde. (Lukas 22,41–45)

Mich berührt an dieser Stelle, dass auch Jesus Angst hat. Er ist nicht Superman. Und uns zeigt es: Wir dürfen Angst haben, aber wir können Gott vertrauen.

Karfreitag gestalten wir als ruhigen, familiären Tag. Kein Besuch, keine Verabredungen mit Freunden, kein Halligalli. Wenn jemand stirbt, der einem wichtig ist, ist »Party machen« unangebracht.

Und dann ist Ostern! Für Erwachsene bedeutet Ostern: Auferstehung! Jesus hat den Tod und das Böse besiegt. Wir können frei sein, wenn wir ihm folgen und ihm vertrauen.

Für Kinder bedeutet es zuerst: Ostereier suchen!

Wie erkläre ich es meinen Kindern?

Auferstehung, Vergebung der Sünden und ewiges Leben sind für Kinder recht umständliche Begriffe. Aber wir Eltern können unseren Kindern immer wieder auf verschiedene Weise erzählen, dass Jesus unser Licht, unsere Freude, unser Begleiter ist. Wie die Bibelgeschichten, die Erzählungen um Heilige wie Martin und Nikolaus, so können auch Kinder- und Jugendromane wie »Der König von Narnia« (C.S. Lewis) oder »Eine Weihnachtsgeschichte« von Charles Dickens zum Verständnis beitragen. In der einen Geschichte opfert sich der unschuldige Löwe Aslan, um den Jungen Edward zu befreien; in der anderen wandelt sich der reiche, aber geizige Unternehmer Scrooge, der seine Mitarbeiter auspresst, zu einem Wohltäter.

So können Eltern auf verschiedene Weise den Kindern die christliche Botschaft nahebringen: Es lebt sich besser, freudiger und leichter, wenn man gut zu seinen Mitmenschen ist. Die christliche Botschaft besagt auch, dass es nie zu spät ist, umzukehren, sein Leben anders zu gestalten, sich gütiger, mitfühlender zu verhalten. So wie Scrooge aus seiner geizigen Dunkelheit ins Licht des Teilens findet, so kommt das Baby Jesus in eine dunkle Welt und will unser Licht sein. Scrooge könnte das Volk sein, das im Dunkeln wandert (Jesaja). Geiz, Geldgier, Habsucht, Neid, Abschottung und Arroganz machen nicht glücklich. Doch Freigiebigkeit,

Nachsicht, Vergebung und Helfen erhellen und erfreuen die Seele. So wie Aslan den Tod auf sich nimmt, um Edwards Schuld zu tilgen (und aufgrund eines alten Zaubers auch wieder zum Leben erweckt wird), so nimmt Jesus den Tod auf sich, um uns zu erlösen.

Kurz erklärt:

Die **Osterbräuche** unterscheiden sich nach Ländern und Regionen. So bringt in Australien oftmals nicht der Hase, sondern das Beuteltier Bilby die Ostereier. Denn die Hasen wurden nach Australien vormals eingeschleppt, sind also keine original heimische Art. Tierschützer positionierten in den 90er Jahren das Beuteltier als Ostereier-Überbringer. In Teilen Brasiliens werden zu Ostern die Straßen mit Teppichen, Sägespänen und Blumen, aus welchen wunderschöne Muster gezaubert werden, geschmückt. In der Karwoche finden zahlreiche Prozessionen statt, die Kinder suchen in Spanien keine Eier, sondern bekommen ein Brot mit einem eingebackenen, hart gekochten Ei in der Mitte (teilweise gibt es auch Variationen aus Schokolade). In New York findet auf der Fifth Avenue die »Easter Parade« statt. Die Menschen verkleiden sich lustig, bunt, österlich. Wer in Zürich sein Taschengeld aufbessern will, hält einem Erwachsenen ein hart gekochtes Ei entgegen. Der Erwachsene versucht, das Ei mit einer Münze so zu treffen, dass sie im Ei stecken bleibt. Prallt die Münze aber ab, so darf das Kind die Münze behalten.

Das Osterfest mag für Kinder weniger spektakulär sein als das Weihnachtsfest. Aber wenn wir ihnen immer wieder die österliche Nachricht bringen, werden sie vielleicht, wenn sie älter sind, das Spektakuläre an Ostern erkennen: Jesus überwindet für uns den Tod.

Im Übrigen haben die Kinder, eingepackt in Schneeanzüge, ein paar Jahre später bunte Eier aus dem weißen Schnee gefischt. Sie wollten unbedingt draußen suchen – egal bei welcher Wetterlage. Im Jahr darauf gab es dann T-Shirts, Sonnenschein bei 27 Grad und klebrige Schokoladenhände.

16. ERSTKOMMUNION

An den ersten Sonntagen nach Ostern ist es so weit: Jedes Jahr feiern Tausende Kinder in Deutschland ihre Erstkommunion. Meist sind die Kinder etwa neun Jahre alt. Festlich gekleidet und aufgeregt nehmen die Kinder das erste Mal an der Kommunion teil. Doch bevor dieser große Tag gekommen ist, lernen die Kinder in ihrer Gruppe die wichtigsten Gebete, Lieder, die biblische Geschichten und den Gottesdienstablauf kennen.

Als das Thema Erstkommunion für unsere Große relevant wurde, fragte sie mich: »Mama, kannst du so eine Gruppe leiten?« Den Wunsch wollte ich ihr nicht abschlagen. Gemeinsam mit einer Freundin versuchten wir, zehn Grundschüler im Zaum zu halten. Später leitete ich auch die Gruppe unseres Sohnes. Ja, die Vorbereitung bedeutet: Zeit investieren, sich Zeit nehmen. Aber es sind auch Nachmittage, die ich mit meinen Kindern verbringe. Es sind Themen, die ich auch für mich neu entdecken, hinterfragen, verinnerlichen kann. Zudem habe ich erlebt, wie Kinder die Welt und ihren Glauben betrachten. Das war sehr spannend. Ich hatte Spaß bei der Gruppenarbeit und auch einige Aha-Momente.

Glauben näherbringen

»Worauf freut ihr euch bei der Erstkommunion am meisten?«, habe ich alle Kinder meiner Erstkommuniongruppen gefragt. Mehrfachnennungen waren möglich. Und die Antworten lauteten:

»Auf Geschenke.« (Von allen Kindern genannt, ganz klar.)

»Darauf, dass die ganze Familie da ist.« (Mehrfach genannt.)

»Auf eine schöne Feier.«

»Dass ich Jesus näher sein kann.«

»Dass ich immer zur Kommunion gehen darf.«

Und: »Dass es endlich vorbei ist.« Das war vielleicht nicht ganz die Antwort, die ich erwartet hatte, aber ich fand sie ehrlich und mutig. Diese Antwort hatte mich besonders nachdenklich gemacht. Denn mit »es« hatte das Kind die gesamte Vorbereitung gemeint. Aus der Sicht dieses Kindes schienen die Vorbereitungen auf die Erstkommunion nervtötende Pflichtveranstaltungen zu sein, die es schnell hinter sich bringen wollte.

Ja, in unserer Pfarrgemeinde waren zwischen Dezember und April acht bis zehn Gruppenstunden, ein spezieller Gottesdienst, in welchem alle Erstkommunionkinder der Gemeinde vorgestellt werden, ein von jeweils einer Gruppe gestalteter Gottesdienst, die Beichtvorbereitung und die Beichte sowie ein Familienfest im Pfarrheim vorgesehen. Für so manches Kind waren es viele Zusatztermine. Und vielleicht auch »zu viel Kirche«.

Obwohl die Terminlage bis zur Erstkommunion lang erscheint, so wird es dennoch knapp, thematisch alle wichtigen Glaubensinhalte unterzubringen. Auf dem Plan stehen: Taufe, detaillierter Gottesdienstablauf (inklusive aller Antwortrufe der Gemeinde; Knien, Sitzen oder Stehen erläutern), Besuch der Kirche, Vaterunser, Glaubensbekenntnis, gutes und nicht so gutes Verhalten, Beichte, Brot und Wein erklären, Lamm Gottes, Erklärung Kommunion, Geschichten aus der Bibel, Rollenspiele, Basteln, Liederüben ... Ein Kind fragte sogar mal, ob wir über all die Themen eine Arbeit schreiben wie in der Schule. Doch da konnte ich beruhigen. Erstkommuniongruppenstunden sind Freizeit und freiwillig. Niemand wird gezwungen, zur Erstkommunion zu gehen.

Während einige Kinder zu Beginn der Gruppenstunden schon das Vaterunser auswendig kannten, hatten andere noch nie davon gehört. Die Spannweite der Vorkenntnisse war groß. Vermutlich hatte das Kind, das alles schnell hinter sich haben wollte, bisher nicht viel Kontakt zur Kirche gehabt. Und wenn doch, so hat das Kind Kirche offenkundig als langweilig wahrgenommen.

Als Gruppenleiterin kamen sehr unterschiedliche Aufgaben auf mich zu: Versuche, Kinder einzubinden, die offensichtlich keine Lust auf Vorbereitungsstunden hatten. Versuche, allen Kindern möglichst viel mitzugeben, ohne dass sie bei den vielen Themen und Fremdworten (Ambo, Evangelium, Tabernakel) vollkommen den Überblick verlieren. Versuche, den Kern der Erstkommunion rüberzubringen. Versuche, zu zeigen, dass Jesus auch für uns heute noch wichtig sein kann.

Dass die Kinder alle Antworten (»Und mit deinem Geiste.«, »Das ist würdig und recht.« usw.) perfekt aufsagen konnten oder das Glaubensbekenntnis auswendig kannten, war für mich zweitrangig. Wer die Worte lernen möchte, kann dies ebenso allein oder mit den Eltern tun. Mir kam es darauf an, dass die Kinder verstehen, wie ein Gottesdienst aufgebaut ist und was er bedeutet. Es war mir wichtig, dass sie Jesus als Freund betrachten können, dem sie in der Kommunion ganz nah sind. Ob mir das gelungen ist, weiß ich nicht. Einen Versuch ist es immer wert. Allerdings können ein paar Gruppenstunden allein nur begrenzt etwas bewirken. Ganz ohne Eltern, Großeltern oder Paten ist es nicht leicht, Kindern eine Idee von Gott zu geben. Mich hat sehr gefreut, zu sehen, dass es hier von den meisten Eltern gute Unterstützung gab!

Manche finden, wer kein Bock auf Kirche oder Gott hat, braucht auch nicht zur Erstkommunion gehen. In der Tat könnten sich Eltern vorher – ähnlich wie bei der Taufe – überlegen, warum sie das Kind zur Erstkommunion gehen lassen möchten. Aber nun war dieses Kind ohne große Lust in einer meiner Gruppenstunden und ich habe diese Stunden immer als Chance begriffen, den Kindern Jesus und Gott ein bisschen näherzubringen.

Gottesdienst kinderleicht

Für ein Verständnis der Erstkommunion braucht es auch ein Verständnis des Gottesdienstes. Das wurde mir selbst erst richtig klar, als ich vor ein paar Jahren die Stunden meiner ersten Gruppe vorbereitete. Sämtliche Antwortrufe, die Stichworte fürs Erheben, Setzen und Hinknien konnte ich wie im Schlaf, weil ich als Kind jeden Sonntag im Gottesdienst gewesen war. Aber hätte man mich vor zehn Jahren gefragt, wann das Hochgebet an der Reihe ist, hätte ich passen müssen. So hatte ich bei der Vorbereitung einige Aha-Erlebnisse.

Da ich als Kind eher die äußere Form des Gottesdienstes und weniger dessen inhaltlichen Ablauf mitbekommen hatte, hatte ich mir vorgenommen, dass meine Gruppenkinder inhaltlich eine Vorstellung davon bekommen sollen, was sie da in der Kirche eigentlich tun. So versuchte ich, die Liturgie in ihre Sprache zu übersetzen oder mit Alltagsbeispielen anschaulicher zu machen. So ein bisschen wie bei der »Sendung mit der Maus« oder »Logo«. (Und da lernen auch Erwachsene noch viel.)

Wir standen vor dem Kirchturm und ich fragte: »Wenn ihr zu einem Kindergeburtstag geht, was bekommt ihr meistens vorher?«

Antwort eines Kindes: »Eine Einladung.«

Ich nickte und wies zum Turm: »Wenn ihr also die Glocken läuten hört, dann laden sie euch zum Gottesdienst ein, wie es eine Einladungskarte zum Geburtstag tut. Ihr seid alle eingeladen, mit Jesus und mit Gott zu feiern, an sie zu denken und mit ihnen zu sprechen.«

Wir betraten das Kirchenschiff. Flüsternd erklärte ich, dass wir zwar eingeladen seien, mit Gott zu feiern, aber diese Feier nicht ganz das Gleiche wie eine trubelige Party sei. Also die Menschen laufen nicht herum, essen nicht, trinken nicht und reden nicht laut. Eine Feier mit Gott ist etwas ganz Besonderes.

»Aber es gibt auch Musik«, sagte ein Kind. »Wir singen und die Orgel spielt.«

Richtig. Musik gibt es bei der Feier mit Gott auch. An der Musik erkennen wir, ob die Stimmung gerade festlich oder freudig oder melancholisch ist. Die Kinder setzten sich in die Kirchenbänke.

»In der Kirche angekommen, werden wir ruhiger und können mit Gott und Jesus sprechen. Und wie machen wir das?«

»Im Gebet«, antwortete ein Kind.

Ich: »Genau. Wenn ihr betet, also mit Gott sprechen wollt, dann muss das kein auswendig gelerntes Gebet sein. Ihr dürft auch frei zu ihm sprechen. Ihr könnt danken und bitten. Ihr könnt ihm eure Sorgen mitteilen, wenn ihr eine Klassenarbeit verhauen habt, wenn euch jemand geärgert hat oder wenn ihr Mist gebaut habt. Ihr könnt Jesus alles erzählen wie einem Freund, nur dass dieser Freund unsichtbar ist. Und Jesus sagt es garantiert nicht weiter.« Ein paar Kinder grinsten.

In einfachen Worten erklärte ich den Kindern den Ablauf eines Gottesdienstes.

Ein Gottesdienst lässt sich in zwei Teile, in den Wortgottesdienst und in die Eucharistiefeier, aufteilen. Wie der Name schon sagt, geht es im Wortgottesdienst um das Wort. Um die Eucharistiefeier wird es später noch ausführlicher gehen.

Mit den Kindern ging ich nach vorn. Wir betrachteten ein dort stehendes Lesepult. Es kann aus Metall, Stein oder Holz sein.

»Dieses Pult nennt man Ambo. Vielleicht habt ihr im Gottesdienst gesehen, wie ein Mann oder eine Frau aufsteht, nach vorn geht und am Ambo etwas vorträgt«, sagte ich. Einige Kinder nickten. »Und den einleitenden Satz haben ein paar von euch vielleicht schon gehört: ›Lesung aus dem Buch …‹ Falls nicht, könnt ihr ja beim nächsten Gottesdienst einmal darauf achten.« Ich fragte die Kinder: »Aus welchem Buch wird gelesen?«

»Die Bibel?«, kam zögerlich eine Antwort.

»Richtig. In der Bibel stehen sehr viele Geschichten. Die Bibel ist groß und dick und sie ist nicht nur ein Buch, sondern in der Bibel sind über siebzig Bücher aneinandergereiht wie in einer Bibliothek. Vielleicht habt ihr im Religionsunterricht einmal von den beiden Teilen der Bibel gehört?«

»Das Alte und das Neue Testament.«

»Richtig. Im Alten Testament (oder auch Erstes Testament) stehen zum Beispiel viele Geschichten über Gott und über Menschen, die Gottes Gebote einhalten wollten oder Gott besser kennenlernen wollten. Das Alte Testament beginnt mit der Entstehung der Welt; hier finden wir die Geschichte von Adam und Eva und auch die von David und Goliath. Im Neuen Testament (oder Zweites Testament) stehen ganz viele Geschichten über Jesus, was er gesagt und getan hat und wie wir Gott begreifen dürfen. Die Jesusgeschichten werden in den vier Evangelien erzählt, die von den vier Evangelisten aufgeschrieben wurden. Weiß jemand, wie sie heißen?«

»Matthäus, Markus, Lukas und Johannes.«

»Richtig! Evangelium ist Griechisch und bedeutet übrigens ›gute Nachricht‹ oder ›frohe Botschaft‹. Die Botschaft ist, dass Jesus von Gott auf die Erde gesandt wurde, um uns den Weg zu zeigen, wie wir gut miteinander leben können. Und er zeigt uns, dass der Tod nicht das Ende bedeutet.«

»Bin ich nach dem Tod im Himmel und sehe Oma und Opa wieder?«, fragte ein Kind.

»Ich glaube schon«, sagte ich.

»Ja weißt du es denn nicht?«, kam die erstaunte Rückfrage.

»Nein, ich weiß es nicht, aber ich glaube es.« An alle Kinder gewandt fragte ich: »Wie stellt ihr euch denn den Himmel vor?«

»Als einen Ort, an dem alles schön ist«, meinte ein Kind nachdenklich.

Dem Ambo zugewandt sagte ich: »An diesem Pult also trägt ein Lektor die Lesung vor. Etwas später liest der Pfarrer eine Geschichte über Jesus aus dem Evangelium. Danach folgt die Predigt. Hier erklärt der Pfarrer, wie wir die Lesung und das Evangelium heute verstehen können.«

»Aber das ist manchmal sooo langweilig«, stöhnte ein Kind und ließ die Schultern hängen.

»Kann ich gut verstehen«, nickte ich. »Die meisten Predigten richten sich an Erwachsene, da versteht ihr nicht immer, was gemeint ist.« Allgemeines Kopfnicken. »Fragt nach dem Gottesdienst doch eure Eltern, was der Pfarrer gemeint hat. Oder ihr lest das Evangelium in einer Kinderbibel nach. Diese Texte versteht ihr besser. Übrigens, wenn ihr mit euren Eltern einen Kindergottesdienst besucht, dann gibt es statt der Predigt oft ein Rollenspiel. Kinder stellen dann dar, wie sie geärgert wurden oder wie sie anderen geholfen haben und wie sie sich dabei gefühlt haben. Auch zu Jesu Zeiten wurden Menschen geärgert und Jesus meint, dass wir das nicht tun sollten. Das gilt für Erwachsene wie für Kinder auf dem Schulhof.«

Dann ging ich mit den Kindern weiter zum Altar, was uns ausnahmsweise erlaubt war. (Wer eine Kirche besucht, betritt den Altarraum für gewöhnlich nicht.) Vor dem Altar würden die Kinder bei ihrer Erstkommunionfeier das erste Mal vom Priester eine Hostie erhalten. Aber wie erklärt man Kindern, was es mit der Eucharistie auf sich hat?

»Wenn der Priester die Schale mit den Hostien und den Wein hochhält, läutet der Messdiener mit den Altarschellen. Dann findet am Altar die Wandlung statt. Bei der Wandlung werden Brot und Wein zu Leib und Blut Christi«, fing ich an.

»Ist Jesus dann in dem Brot? Dann esse ich ihn doch auf!« Ein Junge sah mich überrascht an.

Puh, Kinder treffen den Nagel auf den Kopf. Sie stellen kluge, direkte Fragen und bringen einen selbst zum Nachdenken.

»Also, es ist nicht so, dass ihr dann Jesu Finger anknabbert, wenn ihr eine Hostie erhaltet«, sagte ich. »Vielmehr soll die Hostie das Zeichen dafür sein, dass Jesus (und Gott) bei uns ist. Obwohl sein letztes Abendmahl mit seinen Freunden schon über 2000

Jahre her ist, so ist Jesus noch immer bei uns. Wenn du die Hostie nimmst, ist Jesus ganz nah bei dir. Das soll es heißen. Er will dir Kraft und Mut geben und immer für dich da sein. So glauben es wir Christen.«

Kurz erklärt:

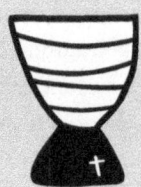

Eucharistie ist Griechisch und bedeutet »Danksagung«. Beim letzten Abendmahl (Gründonnerstag) vor seinem Tod am Kreuz saß Jesus mit seinen Jüngern zusammen. Er teilte das Brot und sagte: »Dies ist mein Leib, der für euch hingegeben wird. Tut dies zu meinem Gedächtnis.« (Lukas 22,19). Anschließend nahm Jesus den Wein und sprach: »Dieser Kelch ist der neue Bund in meinem Blut, das für euch vergossen wird.« (Lukas 22,20) Wenn wir Eucharistie feiern, dann tun wir das zum Gedenken an das letzte Abendmahl und die Kreuzigung.

Durch die **Wandlung** wird Jesus im Brot gegenwärtig. Die Zeremonie der Wandlung bedeutet nicht nur, dass Jesus in Form des Brotes bei uns ist, sondern auch, dass er verwandeln kann und wir uns wandeln, bessern können. Aus einer normalen Oblate, die aussieht wie ein Keks und wie Esspapier schmeckt, wird eine ganz besondere Hostie. Jesu Kraft soll in uns wirken. In dem Augenblick der Kommunion sind wir Jesus und Gott ganz nah. Und wir können alle Sorgen und Wünsche bei ihm loswerden.

Zu den Hostien haben viele Kommunionkinder Fragen. Deshalb gibt es sogar eine Folge von der »Sendung mit der Maus«, in der gezeigt wird, wie Hostien in einer Hostienbäckerei gebacken werden, und ihre Bedeutung erklärt wird.

Tipps für Gruppenleiterinnen und -leiter: Mit den Erstkommunionkindern haben wir Gruppenleiterinnen eine Art Rallye in der Kirche veranstaltet. Wir fotografierten verschiedene Gegenstände der Kirche (oder nahmen allgemeine Bilder vom Altar, Ambo usw. her), gaben Namenskärtchen (Ambo, Weihwasserbecken, Taufbecken, Tabernakel) aus und in der Kirche sollten die Kinder die Gegenstände finden und richtig benennen. Man kann auch Bilder auf einem DIN-A4-Blatt anordnen und die Kinder sollen die entsprechenden Namen hinzufügen. So kann man mit Kindern spielerisch eine Kirche erkunden.

Um Gelerntes zu vertiefen, sollte man es wiederholen (eine Binsenweisheit). Ein Kind stellte ich als »Ambo« auf, ein anderes als »Altar«. Die übrigen Kinder zogen Karten mit den Begriffen Lektor, Evangelium, Wandlung, Hostie, Lesung, Wortgottesdienst, Eucharistiefeier, Predigt. Nun sollten sich die Kinder mit ihrem Begriff entweder dem Ambo oder dem Altar zuordnen.

Ambo: Lektor, Lesung, Evangelium, Predigt, Wortgottesdienst
Altar: Wandlung, Hostie, Eucharistiefeier

Selbstverständlich gibt es im Gottesdienst noch mehr Teile, mehr Fremdbegriffe. Aber dann wäre es sehr unübersichtlich und verwirrend geworden. Es war inhaltlich jetzt schon viel, was ich den Kindern versucht hatte, zu erklären. Im Kern geht es darum, zu verstehen, dass wir im Wortgottesdienst Geschichten von Gott und Jesus hören und über sie nachdenken. Während der Eucharistiefeier kommen wir Gott ganz nah. Und jede Eucharistiefeier ist ein kleines Ostern: Die Erinnerung an das letzte Abendmahl, Jesu Tod, damit wir in Ewigkeit leben können. Die Kommunion gibt uns Kraft und zeigt uns: Gott ist bei uns.

Ideen für Geschenke zur Erstkommunion:

- Kommunionkerze
- Gebetbuch
- Kette mit einem Kreuzanhänger
- Erstkommunionkrimis oder andere Bücher zum Thema Erstkommunion
- Uhr mit Erinnerungscharakter
- Armband mit Fischsymbol
- Buch »Meine Erstkommunion« zur Dokumentation und Erinnerung an den großen Tag.

Ja, es gibt in manchen Familien auch iPads, üppige Geldgeschenke oder Smartwatches zur Erstkommunion. Ich halte davon nichts, aber das muss jede Familie für sich entscheiden. Cool fand ich die Idee von jemandem, der ein paar Aktien für das Patenkind gekauft hatte. Wenn das Kind achtzehn Jahre alt ist, machen Patenkind und Pate einen gemeinsamen Ausflug von dem Geld, egal ob Eisdiele oder Drei-Tage-Urlaub.

17. BIBELGESCHICHTEN

Ich sehe was, was du nicht siehst

»Ich sehe was, was du nicht siehst, und das ist blau«, sagte ein Kind unserer Erstkommuniongruppe und lächelte die anderen Kinder wissend an, in der Hoffnung, niemand möge seinen Gegenstand erraten. Sofort legten die anderen Kinder mit Raten los. Die Begriffe flogen nur so durch die Luft:

»Annas* Pulli.«

»Nein.«

»Das Bild über der Tür.«

»Nö.«

»Der Stift auf dem Tisch.«

»Auch nicht.«

In einer Gruppenstunde zur Vorbereitung auf die Erstkommunion haben wir verschiedene Spiele gespielt. Gestartet sind wir mit »Ich sehe was, was du nicht siehst« (ein Kind sucht sich einen Gegenstand im Raum aus und beschreibt es mit der dominierenden Farbe). Bei keiner Runde wurde der Gegenstand gleich zu Beginn erraten. Damit erklärten meine Kollegin und ich den Kindern: Obwohl wir Dinge physisch zwar sehen können, erkennen wir nicht immer sofort, was gemeint ist oder um was es sich handelt.

Beim nächsten Spiel baten wir die Kinder, die Augen zu schließen und sich etwas besonders Schönes vorzustellen: eine schöne

Landschaft, einen tollen Urlaubsort, ein Lieblingstier. Der Reihe nach sollte jedes Kind beschreiben, was es vor dem inneren Auge sah. Alle Kinder konnten sich ihre Lieblingsorte oder Tiere lebhaft vorstellen, obwohl sie in diesem Augenblick gar nicht dort waren.

Aber sie trugen die Bilder in sich: »Ein großer Pool! Er ist tief und ich kann super hineinspringen.«

»Der Apfelbaum bei meiner Oma. Ich sitze gern darunter und lese. Wenn die Äpfel reif sind, gibt es leckeren Apfelkuchen.«

Oder: »Auf dem Rücken des Pferdes bei meiner Tante.«

Hierbei ging es darum, sich klarzumachen, dass wir auch Dinge oder Begebenheiten vor unserem geistigen Auge, also in unserer Vorstellung, sehen können, obwohl diese Szene, dieser Ort gar nicht im Raum ist.

Anschließend konnten es sich die Kinder auf Decken auf dem Boden gemütlich machen und wir haben ihnen die Geschichte vom blinden Bartimäus aus einer Kinderbibel vorgelesen.

Jesus heilt den blinden Bartimäus

Der blinde Bartimäus hockte am Straßenrand. Da er nichts sehen konnte, konnte er nicht arbeiten und musste betteln. Er hatte gehört, dass dieser Wunderheiler Jesus, der schon vielen kranken Menschen geholfen hatte, in der Stadt sein sollte. Als er viele Leute vorbeilaufen hörte, ahnte er, dass sie zu Jesus wollten. Da rief er laut nach ihm, doch einige Leute wurden ärgerlich und wollten, dass er besser den Mund halten sollte. Doch Bartimäus ließ sich nicht beirren. Er rief noch lauter nach Jesus. Jesus hörte ihn und fragte ihn, was er wollte. Bartimäus bat ihn darum, sehen zu können. Jesus heilte Bartimäus, da sein Glaube daran, dass Jesus ihm wahrhaft helfen konnte, so stark gewesen war.

(frei erzählt nach Markus 10,46–52; Lukas 18,35–43)

Mit verteilten Rollen spielten die Kinder dann diese Geschichte als Theaterstück nach. Die Kinder sollten sich in die Lage hineinversetzen, wie es ist, nicht sehen zu können und sich nur auf das Gehör zu verlassen (ähnlich einem »Blinde Kuh«-Spiel). Ein Kind in der Rolle des blinden Bartimäus haben wir zunächst von einem anderen Kind im Raum herumführen lassen und anschließend gefragt, wie es war. Das Kind antwortete: »Ich hatte Angst, gegen einen Tisch zu laufen und mir wehzutun. Ich musste mich auf meine Freundin verlassen und hoffen, dass sie mich gut führt.« (Ähnliche Rollenspiele und vertrauensbildende Maßnahmen kennt man aus der Psychologie, Paartherapien oder dem Management-Coaching. Ich finde es gut, sich in die Situation von anderen hineinzuversetzen, auch wenn es manchmal schwerfällt.)

Wir können Gott nicht sehen, aber wenn wir glauben, dann »sehen« wir ihn – nur anders. Wir erfahren ihn, wir können über ihn nachdenken. Mit den Augen sehen und etwas (für sein eigenes Leben) erkennen, sind grundverschiedene Dinge. Auch der Satz »Man sieht nur mit dem Herzen gut, das Wesentliche ist für die Augen unsichtbar« (Antoine de Saint-Exupéry, »Der kleine Prinz«) passt zu diesen Überlegungen. Ebenso ein Zitat aus der Sherlock-Serie mit Benedict Cumberbatch: »Der Hinweis stand direkt vor Ihren Augen, John. Wie immer sehen Sie, aber Sie nehmen nicht wahr.«

Manchmal fragen Kinder: »Gibt es Gott wirklich? Ich kann ihn gar nicht sehen.« Darauf könnte man antworten: »Die Luft siehst du auch nicht, aber du weißt, dass sie da ist. Du atmest sie ein, sie bewegt Blätter und Zweige am Baum.« Wo und wer Gott wirklich ist, haben schon viele Forscher versucht zu ergründen. Manche meinen, Gott sei ein Gedanke in unseren Köpfen. Einige halten ihn für ein rein geistliches Konstrukt, wieder andere sprechen ihm eine gewisse Körperlichkeit nicht ab. Kinder denken weniger abstrakt als wir Erwachsene. Sie wissen zwar, dass sie Gott nicht direkt vor Augen haben, aber sie »sehen« ihn »oben« im Himmel, denken ihn manchmal als Mann großväterlichen Typs oder malen ihn mit ganz vielen Armen und Händen, wie es ein Klassenkamerad meines Kindes gemacht hat.

Gott ist für mich persönlich irgendwie freundlich grau, wie Montag bei mir rot und Dienstag blau ist. Für Kinder allerdings ist Gott oft erstaunlich konkret, auch wenn sie ihn nicht anfassen können.

Mit Erstkommunionkindern kann man schon sehr gut darüber sprechen, dass sie sich Gott zwar irgendwie vorstellen können, aber er eben auch etwas Unsichtbares, Geheimnisvolles an sich hat. Wie bemerken wir Gott? Wie nehmen wir ihn wahr? Wie sehen wir andere Menschen in unserem Umfeld? Bemerken wir, wenn es jemandem nicht gut geht, auch wenn er keine äußerlich sichtbare Wunde hat? Oder sind wir blind für diese Wahrnehmungen?

Die Spiele und die Geschichte aus der Bibel sollten den Kindern in unserer Gruppe verdeutlichen, dass es im Leben nicht immer um das Sehen als Fähigkeit der Augen geht, sondern dass wir auf vielen Ebenen etwas sehen, erkennen, wahrnehmen, bemerken können.

Jesus sagt von sich, er sei das Licht der Welt und mit ihm sei es nie wieder wirklich finster. Diese Idee gibt Hoffnung und Vertrauen.

Die Hitliste der Bibelgeschichten

In einer anderen Gruppenstunde (und mit anderen Kindern) fragte ich: »Was ist denn eure Lieblingsgeschichte aus der Bibel?«

Und fast alle riefen: »Die Weihnachtsgeschichte!«

»Abgesehen von der Weihnachtsgeschichte, die wirklich sehr schön ist«, hakte ich nach, »welche Geschichte gefällt euch noch besonders?«

»Die mit dem Zöllner.«

»David und Goliath.«

Die Antworten erstaunten mich nicht besonders. Natürlich ist die Weihnachtsgeschichte vor allem für Kinder die schönste von allen. Sie strahlt so viel Neuanfang, Zuversicht und Geborgenheit aus.

Zudem ist das Weihnachtsfest bei den meisten Kindern ohnehin mit schönen und wohligen Momenten verknüpft. Die Weihnachtsgeschichte steht also unangefochten auf Platz eins der Hitliste für Bibelgeschichten.

Dass die Geschichte von David und Goliath aus dem Alten Testament häufig genannt wird, wenn nach einer Geschichte gefragt wird, die gefällt, verwundert mich ebenfalls nicht. Einerseits wird sie oft im Religionsunterricht besprochen und was man oft hört, wird einem vertraut. Zudem bietet die Geschichte inhaltlich einiges, das Kinder interessiert oder das sie nachvollziehen können.

David kämpft gegen Goliath

Zwei gegnerische Heere standen sich feindlich gegenüber. Das Heer, das die Israeliten bedrohte, hatte einen großen, starken Mann namens Goliath in seinen Reihen. Er forderte die Israeliten heraus, einer möge gegen ihn kämpfen. Er verspottete sie und glaubte, er würde ohnehin gewinnen. Von den Israeliten wagte sich keiner vor. Nur der kleine Junge David traute sich, gegen Goliath anzutreten. Er wähnte Gott auf seiner Seite. Und tatsächlich besiegte er Goliath. Nicht mit Kraft und Schwert, sondern mit seiner Steinschleuder und einem zielgenauen Schuss an die Schläfe.

(frei erzählt nach 1 Samuel 8–10;16–17)

Kindern imponiert, dass auch kleinere, schwächere oder jüngere Menschen gewinnen können. Sie bewundern, dass nicht zwangsläufig viel Kraft nötig ist, um erfolgreich zu sein. Im Kindergarten und auf dem Schulhof herrscht immer auch ein Machtkampf: Wer spielt mit wem? Wer trägt die cooleren Schuhe? Wer hat mehr Ansehen? Wer bekommt mehr Taschengeld? Wer ist beim Fangenspielen am schnellsten?

Bis hin dazu, dass Kinder, die sich nicht so gut wehren können oder anders als andere sind, ausgegrenzt werden. Daher können Kinder auch viel Kraft und Mut aus so einer David-Goliath-Geschichte ziehen. Liest man ihnen diese Geschichte vor und bespricht sie anschließend, würde ich auch darauf hinweisen, dass es nicht immer darum geht, der Stärkste und Größte sein zu wollen. Das kann man mit Kindern sehr gut besprechen und mit den oben genannten Alltagssituationen verknüpfen. Eine weitere Botschaft der David-Geschichte ist, dass er Gott an seiner Seite wusste. Persönlich glaube ich nicht daran, dass Gott den Stein passend gelenkt hat oder Ähnliches. Der Gott, an den ich glaube, greift nicht situativ ein. Aber vielleicht hat Gott Davids Selbstvertrauen in sein Können gestärkt und so konnte ein kleiner Junge mit ruhiger Hand die Schleuder bedienen.

Für Kinder kann man die vereinfachte Fassung belassen: David hat sich von einem größeren Menschen nicht einschüchtern lassen; David hat seine Stärke eingesetzt und David hat Gott vertraut. Mit älteren Kindern oder Jugendlichen kann man die abstrakte Sichtweise der biblischen Geschichte diskutieren.

Kinder lieben Geschichten nach dem Prinzip »Klein gegen Groß«. So jagen Erich Kästners »Emil und die Detektive« oder die Mädchen von den »drei !!!« erwachsene Gauner, die ihnen prinzipiell überlegen sein müssten. Auch Erwachsene verwenden den Begriff »David gegen Goliath« oft. So findet man den Ausdruck »David gegen Goliath« in der nachrichtlichen Berichterstattung dann, wenn kleine Firmen gegen große kämpfen. Oder kleine Boote von Umweltorganisationen große Schiffe zu stoppen versuchen. Überhaupt fließen viele Redewendungen, Ausdrücke oder Vergleiche aus der Bibel in unseren Alltag ein.

Es ist jedoch gut, sich als Erwachsener die Geschichten aus der (Kinder-)Bibel zuvor durchzulesen, bevor man sie den Kindern vorträgt, um zu überlegen, ob die Geschichte insgesamt altersgerecht ist. Meiner Tochter habe ich schon im Kindergartenalter mehrfach die Geschichte von David und Goliath vorgelesen. Sie mochte die

Geschichte. Aber ich habe den Schluss damals weggelassen. Jahre später las ich ihr wieder einmal aus der Bibel vor. Dieses Mal bis zum Schluss. Als ich geendet hatte, fragte sie: »Kann es sein, dass du früher das Ende weggelassen hast?« Ja, das hatte ich. Warum? Weil David dem bewusstlosen Goliath mit dessen Schwert den Kopf abgeschlagen hat. Diese Formulierung war mir dann für eine Fünfjährige doch zu drastisch gewesen. Dass David Goliath mit einem Stein zu Fall gebracht und bewusstlos gemacht hatte, war in meinen Augen völlig ausreichend gewesen, um den Sinn der Geschichte zu erfassen.

Die Geschichten der Bibel sind weiß Gott nicht gewaltfrei – so wie die Menschen nicht gewaltfrei lebten und leben. In der Bibel findet sich alles, wozu Menschen fähig sind: Neid, Missgunst, Habgier, Streit, Mord, Krieg, Verhöhnung, aber auch: Liebe, Vergebung, Hilfe, Nachsicht, Weisheit.

Ich habe früh begonnen, den Kindern aus ihren jeweiligen Kinderbibeln vorzulesen, aber je nach Alter habe ich dabei manchmal auch Details weggelassen. Wenn sie älter werden, verstehen sie warum. So wie meine Tochter verstanden hat, warum ich früher den Schluss bei David und Goliath wegließ.

Eine andere Lieblingsgeschichte vieler Kinder erzählt vom Außenseiter Zachäus:

Jesus besucht Zachäus

Zachäus war ein Zöllner, der Gelder für die Römer eintrieb. Er nahm den Menschen aber zu viel Geld ab und deshalb mochten sie ihn nicht. Als Zachäus hörte, dass Jesus in der Stadt sei, wollte er ihn auch sehen. Da Zachäus klein war, kletterte er auf einen Baum. Als Jesus an diesem Baum vorbeikam, rief er Zachäus zu sich herunter und wollte bei ihm einkehren. Das passte den anderen Menschen nicht: Ausgerechnet bei diesem Betrüger wollte Jesus sein? Doch Zachäus war so erfreut darüber, dass Jesus ihn bemerkt hatte und sein Gast sein wollte, dass er versprach, seinen Reichtum mit den Armen zu teilen, und sollte er wieder jemanden betrügen, so würde er es vierfach zurückzahlen.

(frei erzählt nach Lukas 19,1–10)

Kinder mögen diese Geschichte aus zwei Gründen.

Erstens: Sie macht deutlich, dass Jesus auch die Außenseiter sieht. Das Thema Mobbing ist immer wieder bei Kindern und Jugendlichen präsent. Ein Kind wird ausgelacht, weil es vielleicht nicht so sportlich ist. Ein Kind wird geärgert (Mütze an der Garderobe geklaut, Schulsachen werden durch die Gegend geworfen), weil es anders ist. Über ein Kind wird gelästert: »Schau mal, was die für ein Kleid anhat!«, weil es sich anders kleidet. Den betroffenen Kindern tut dieses Verhalten sehr weh.

Ob aus unserer eigenen Kindheit, durch Schulgeschichten unserer Kinder oder durch Medienberichte zum Thema Mobbing wissen wir, dass Kinder und Jugendliche andere ärgern. Mal geschieht dies aus eigener Unsicherheit, mal aus dem Wunsch, als »stark« oder »Anführer« wahrgenommen zu werden, mal aus Unwissenheit, wie man mit anderen umgeht, mal wird Frust von daheim an Schwächere in der Klasse weitergeben ... Es gibt unzählige Gründe, warum Kinder nicht immer nett zueinander sind. (Erwachsene ja übrigens auch nicht.) Wenn ein Kind mit einem ungewöhnlichen Pullover in die Klasse kommt, wäre es nicht besser, seine abschätzige Meinung für sich zu behalten, als hinterm Rücken zu tuscheln oder gar dem Kind ins Gesicht zu sagen, dass der Pullover furchtbar aussieht?

Zweitens: Die Geschichte zeigt, dass Jesus auch für die da ist, die Fehler machen. Jesus hat sich nicht verächtlich vom unfairen Geldeintreiber Zachäus abgewendet, im Gegenteil. Diese Zuwendung hat bei Zachäus eine Wandlung in seinem Tun bewirkt.

Auf jemanden zugehen, auch wenn er Fehler gemacht hat oder sich falsch benommen hat, kann etwas bewirken (nicht immer, aber manchmal ist es ein Versuch wert).

Kein Mensch ist fehlerfrei. Niemand macht immer alles richtig. Aber sollten wir uns nicht unermüdlich um den besseren Weg bemühen? Wenigstens versuchen?

Die schwierigere Aufgabe ist: Hat ein Kind einen blöden und verletzenden Spruch gemacht, reagiert das betroffene Kind mit Vergeltung, indem es zurückschimpft und beleidigt oder gar haut? Oder rät man dem betroffenen Kind, dem stänkernden Kind besser aus dem Weg zu gehen, es zu ignorieren, in der Hoffnung, dass es bald aufhört, gemein zu sein?

Und die schwerste Aufgabe wäre: Ein Kind, das beleidigt wurde, ist zu dem ärgernden Kind unverändert freundlich. Das ist hart! Nett und freundlich zu jemandem sein, der uns beleidigt, verletzt, respektlos behandelt. Das schafft kaum jemand. Und genau das hat Jesus mit »Liebt eure Feinde« gemeint. Eine schier übermenschliche Aufgabe.

Aus der Zöllner-Geschichte kann man Kindern mitgeben, dass man jemandem, der seine Fehler bereut und auch wiedergutmachen will (Reichtum teilen, das Vierfache zurückzahlen), offener begegnen kann.

Schwierige Geschichten

So sehr Kinder die Weihnachtsgeschichte lieben, David und Goliath spannend finden oder die Idee der Vergebung bei Zachäus lernen, so wenig verstehen die Kinder das Gleichnis vom verlorenen Sohn.

Im Religionsunterricht meiner Kinder wurde die Geschichte ausführlich behandelt. Sie kamen mit den Hefteinträgen zu dem Thema nach Hause und waren entrüstet. »Mama, da haut ein Kind ab, verprasst das ganze Geld vom Vater. Und als er pleite ist, kommt er zurück. Was macht der Vater? Er feiert eine große Party! Der andere, brave Sohn, der immer zu Hause geblieben ist, der kriegt nix. Ist das nicht unfair?«

Das Gleichnis vom verlorenen Sohn

Ein Vater hatte zwei Söhne, die auf seinem großen Bauernhof lebten und arbeiteten. Dem einen wurde es zu langweilig, er ließ sich sein Erbe auszahlen und ging in die Welt hinaus. Dort verschwendete der lebenslustige junge Mann sein Geld. Als er kein Geld mehr hatte, gab es eine Hungersnot. Er wollte als Schweinehirt arbeiten. Allerdings bekam er keinen Lohn, nur einen Schlafplatz und das Futter der Schweine durfte er auch nicht anrühren. Da ging der Sohn in sich und bemerkte, dass er sich nicht richtig verhalten hatte. Er ging zu seinem Vater zurück, sagte ihm, dass er falsch gehandelt hatte, bot an, nicht länger sein Sohn zu sein und für ihn als Tagelöhner arbeiten zu dürfen. Doch der Vater freute sich so über die Heimkehr, dass er ein großes Fest feierte. Dies widerstrebte dem zweiten Sohn. Er wurde wütend, weil er sich ungerecht behandelt fühlte. Er war immer beim Vater geblieben und hatte alles so gemacht, wie der Vater es gewollt hatte, aber nie so eine Feier bekommen. Der Hallodri machte, was er wollte und wurde dafür gefeiert. Doch der Vater sagte: »Kind, du bist immer bei mir, und all das Meine ist dein; freuen aber müssen wir uns und froh sein; denn dieser dein Bruder war tot und wurde wieder lebendig, war verloren und wurde gefunden.«

(frei erzählt nach Lukas 15,11–32)

Tja, das ist gar nicht so leicht nachzuvollziehen. Meine Kinder haben ähnlich wie der brave Bruder reagiert. Ich kann es ihnen überhaupt nicht verdenken, dass sie die Party für den Verschwender unfair fanden. Auch die Erklärung, dass Eltern sich meistens freuen, wenn Kinder (sogar wenn sie etwas verbockt haben) den Weg zurückfinden, half wenig. Kinder können die Sichtweise von Eltern diesbezüglich einfach nicht begreifen. In dem Vater aus dem Gleichnis lässt sich auch Gott sehen, der dem vergibt, der umkehrt. Anders als bei Zachäus, der ja Jesus nicht geprellt hatte, war hier der Vater vom Verhalten des Sohnes direkt betroffen. Und dennoch weist der Vater ihn nicht ab. Da in Kinderaugen die Welt oft in »fair« und »unfair« eingeteilt wird, ist die Geschichte vom verlorenen Sohn nicht leicht nachzuvollziehen und steht daher bei ihnen auf der Hitliste auch nicht weit oben.

Doch auch wenn sie den inhaltlichen Kern dieses Gleichnisses nicht sofort sehen, so kann es gut sein, dass sie in ein paar Jahren erkennen, was diese Geschichte bedeuten soll. Ähnlich wie die Kinder beim »Ich sehe was, was du nicht siehst«-Spiel auch nicht sofort den blauen Gegenstand richtig erkannt haben. Sehen ist nicht gleich sehen, und manche Erkenntnis braucht seine Zeit.

(* Name geändert)

18. ÜBER DEN GLAUBEN REDEN

Jesus den Hamster zeigen

In den Gruppenstunden zur Vorbereitung auf die erste heilige Kommunion geht es natürlich hauptsächlich um die großen Fragen: Was bedeutet Kommunion? Was bedeuten Jesus und Gott für mich? Wie läuft ein Gottesdienst ab?

Aber in den Gruppenstunden haben wir auch gemalt, gebastelt, gebacken, gefilmt, gelacht, besprochen und haben ganz nebenbei über andere große Lebensthemen diskutiert. Die Vorbereitung auf die Kommunion ist ja nicht vom Leben abgekoppelt zu betrachten, sondern sie soll den Kindern verdeutlichen, welche Rolle Jesus im Alltag spielen kann. So hat es in den Stunden mit den Kindern immer wieder lustige, interessante, aber auch nachdenkliche Situationen gegeben. Wichtig war mir, dass wir ungezwungen über den Glauben reden können, dass die Kinder von ihren Fragen, Sorgen und Wünschen erzählen können und sich ernst genommen fühlen.

Streit und Ärger

In einer Stunde besprachen wir das Thema »Streit«. Jedem Kind fiel sofort etwas dazu ein. Die Kinder teilte ich in kleinere Gruppen auf und sie sollten sich selbst eine kurze Szene überlegen, in der es zum Streit kommt. Die Szenen nahm ich mit dem Handy als kleines Video auf (nach der Stunde wurden alle Videos gelöscht). Die Kinder stellten dar, wie ein Mitschüler einem anderen einen Stift geklaut hatte, wie eine Schülerin geschubst wurde oder wie ein Kind den Vater als »Arschloch« beschimpft hat, weil es nicht länger fernsehen durfte.

Solche Szenen kannten die Kinder auch aus ihrem Alltag. Ihnen erklärte ich, dass die Menschen Fehler machen und dass Jesus das wusste. Er sagt uns, dass wir über unsere Fehler nachdenken, sie bereuen sollen, uns entschuldigen sollen und versuchen sollen, solche Fehler nicht noch mal zu machen. (Aber irgendwann machen wir wieder Fehler. Doch vielleicht klauen wir keinen Stift mehr oder halten inne, bevor wir ein Kind schubsen wollen.)

Ein Kind sagte: »Meine Schwester ärgert mich immer ganz doll, da muss ich sie hauen.« Ich meinte: »Willst du nicht versuchen, mit ihr zu reden? Sag ihr, dass sie dich nicht ärgern soll.«

Das Kind: »Das bringt nichts. Sie ist einfach doof.« Das Kind klang derart bestimmt, resigniert und frustriert, sodass mir dazu leider auch nichts mehr einfiel. Ich bin keine Erziehungsberechtigte und kann nur Hinweise geben.

Wünsche und Sorgen

Einmal haben wir gemeinsam Brot gebacken. Das Brot ist für Christen ein wichtiges Symbol: Aus Brot (Hostien) wird, wie bereits erwähnt, bei der Eucharistie der Leib Christi. Brot als Nahrungsmittel benötigen wir zum Leben. Beim letzten Abendmahl brach Jesus das Brot für die Jünger, also seine Freunde, und beim Gang nach Emmaus (nach Ostern) erkannten seine Jünger Jesus daran, wie er das Brot brach. Brot ist essenziell in körperlicher wie geistiger Hinsicht. Das Brot ist Nahrung und versorgt den Körper, aber das verwandelte Brot ist Jesus und er gibt uns die geistige Nahrung.

Beim Brotbacken regten wir an, dass die Kinder ihre Wünsche und Sorgen in das Brot hineinkneten könnten. In etwa so, wie wir auch mit unseren Wünschen und Sorgen vor den Altar und somit vor Gott treten dürfen.

Die meisten Kinder haben ihre Gedanken für sich behalten. Aber ein Kind sagte: »Ich wünsche mir, dass der Krebs weggeht.« (Gemeint war ein erkrankter Elternteil.) Diesen Satz sagte es leise, unprätentiös, nicht melancholisch, aber mit enormer Kraft. Wie viel Sorge, wie viel Belastung und wie viel Traurigkeit dahinterstecken mussten, konnte ich nur erahnen.

Computerspiele und Löwen

Häufig haben wir versucht, uns in den Gruppenstunden den Themen spielerisch zu nähern. Zum Gottesdienst lädt Jesus uns ein. Er lädt uns ein, seinen und den Geschichten von Gott zu lauschen. Er lädt uns ein, mit ihm seinen Weg zu gehen. Aber was würden wir machen, wenn wir Jesus zu uns nach Hause einladen würden? Die Kinder hatten erstaunliche Antworten parat:

Ein Kind: »Ich würde ihm einen Kuchen backen.«

Ein anderes: »Ich würde ihm ein Geschenk besorgen.«

Ich fragte nach: »Warum?«

»Weil Jesus uns auch so viel gibt.«

Noch ein Kind sagte: »Ich würde Jesus die Playstation zeigen.«

Wieder fragte ich nach: »Und warum das?«

Antwort: »Na ja, er weiß ja nicht, wie es ist, in unserer Zeit zu leben, und ganz sicher kennt er keine Playstation. Das würde ich ihm zeigen, weil ich möchte, dass er weiß, wie ich lebe.«

Ein anderes Kind ergänzte: »Und ich würde Jesus meinen Hamster zeigen, weil ich den so lieb hab.«

Ein weiteres Mal stellten wir einer Gruppe folgende Frage:

»Wenn ihr euch in ein Tier verwandeln könntet, welches Tier würdet ihr für euch auswählen?«

Genannt wurden: Kätzchen, Pferd, Hund, Löwe, Panther, Gepard, Tiger …

Die meisten genannten Tiere besaßen die Eigenschaften stark und schnell. Dazu erklärten wir: »Jesus wird auch das ›Lamm Gottes‹ genannt. Er will kein starkes Tier sein, sondern eher normal. Damit will Jesus zeigen, dass er, obwohl er Gottes Sohn ist, nicht heraussticht. Er ist einer von uns.«

Ich habe keine Ahnung, was von den zahlreichen Gruppenstunden und der Erstkommunionfeier bei den Kindern hängen geblieben ist: Die Spiele? Der Streit im Video? Dass das Wort am Ambo verkündet wird? Dass Jesus uns in der Hostie ganz nah ist? Dass Jesus ein Freund ist? Dass es besser ist, freundlich und hilfsbereit zu sein, als gehässig und gemein?

Jedenfalls hoffe ich, dass die Kinder ein klitzekleines bisschen mehr von ihrer Erstkommunion und deren Vorbereitung in Erinnerung behalten, als es bei ihren Eltern der Fall war. Denn auf einem Elternabend fragte der Pfarrer alle Eltern, an was sie sich in Bezug auf die Erstkommunion erinnern, und einige Antworten lauteten:

»Die Geschenke!«

»Dass meine Frisur so lange gedauert hat.«

»Dass meine Mutter geschimpft hat, als das weiße Kleid nach dem Spielen grün war.«

19. BEICHTE

Wenn Kinder beichten

»Muss ich da rein?«, fragte Emma* und sah mich mit einem besorgten Blick an. Mit meiner Kommuniongruppe war ich auf Tour in der Kirche unterwegs und wir nahmen alles unter die Lupe, den Altar, den Ambo, den Tabernakel, das Taufbecken. Emma hatte den Beichtstuhl entdeckt und offenkundig war er ihr nicht geheuer. Kastig, wuchtig, dunkel. In diese dunkle Kammer sollte man sich begeben und erzählen, was man alles verbockt hatte? Verhörzimmer oder Gefängnis fiel mir spontan dazu ein, wenn ich es aus Kindersicht betrachtete.

»Darf ich da mal reinschauen?«, fragte ein anderes Kind, wobei es das Verb hörbar bewusst gesetzt hatte: reinschauen, nicht reingehen.

Ich öffnete eine Tür und die Kinder schoben vorsichtig ihre neugierigen Nasen hinein. Bevor die Kinder allzu nervös wurden, sagte ich schnell: »Ihr werdet dort nicht hineingehen. Es werden zwei kleine Tische mit je zwei Stühlen in der Kirche aufgestellt werden und ihr werdet einfach mit dem Pfarrer oder dem Vikar sprechen. Es wird also ein Beichtgespräch werden.« Das Lächeln, das über das eine oder andere Gesicht huschte, verriet mir Erleichterung.

Um für ältere Gläubige die Anonymität zu wahren, kann ich das Prinzip des Beichtstuhls nachvollziehen. Eine Holzwand trennt nämlich Beichtvater und Beichtenden. Auch fühlen sich manche besser, wenn sie ihrem Gegenüber nicht in die Augen sehen müssen, während sie laut aussprechen, was ihnen misslungen ist oder was sie falsch gemacht haben. Aber für Kinder finde ich den Beichtstuhl unangemessen und ich war froh, bei der Vorbereitung von unserem Pfarrer zu hören, dass man es so vor der Erstkommunion auch nicht praktiziere.

Selbst erinnere ich mich gut daran, den Beichtstuhl als Neunjährige schrecklich gefunden zu haben. Deshalb konnte ich Emmas mulmiges Gefühl so gut nachvollziehen. Ich sprach durch diese Gitter in der Holzwand, bekam vom Pfarrer gesagt, ich solle in der Bank das Gebet auf Seite Soundso lesen und gut. Wahnsinnig erkenntnisreich dieser Vorgang. Ich hatte gebeichtet, dass ich jemanden angelogen hatte. Aber der damalige Pfarrer hatte mir nicht geraten, die Lüge aufzuklären und mich zu entschuldigen. Gewiss, jemandem zu sagen, was man bewusst verkehrt gemacht hatte, ist schon schwer. Zumal sich ausgesprochene Worte weniger gut verdrängen lassen, als wenn man nie ein Wort über den Vorfall verloren hätte. Noch einen Schritt weiter zu gehen und sich zu entschuldigen, wäre zwar für mich noch schwerer geworden, aber hätte die Idee der Beichte vervollständigt.

Doch unsere Erstkommunionkinder erlebten ihre erste Beichte glücklicherweise ganz anders. In den Gruppenstunden sprachen wir immer wieder darüber, welche Fehler wir als Mensch, in diesem Fall als Kind, so machen: Andere Kinder ärgern, nicht mitspielen lassen, schubsen, lügen, etwas Doofes sagen, etwas wegnehmen …

Max* fragte mit aufgerissenen Augen: »Muss ich dann alles erzählen, was ich falsch gemacht habe? Ich weiß gar nicht, ob mir noch alles einfällt.«

»Nein, das musst du nicht«, beruhigte ich ihn. »Es geht nicht darum, dass du für die letzten Jahre alles aufzählst, was du mal nicht richtig gemacht hast. Es geht darum, dass du dir Gedanken über dein Verhalten machst und wenn mal etwas nicht gut war, dass du dies erkennst und dich auch entschuldigst.«

Eine zweite Chance

Wir lasen gemeinsam eine Geschichte über ein Kind, das in der Schule einem anderen Kind etwas weggenommen hatte. Und als das Kind von der Lehrerin darauf angesprochen worden war, hat es gelogen und nicht gesagt, dass es etwas genommen hatte. Dieses Kind hatte gleich zwei Fehler gemacht, es hatte gestohlen und gelogen.

»Wie würdet ihr euch fühlen, wenn ihr das gemacht hättet?«, fragte ich in die Runde.

»Nicht so gut«, sagten die meisten.

»Da meldet sich das schlechte Gewissen. Denn die meisten wissen eigentlich, wenn sie etwas falsch oder richtig machen.«

Ich hatte ein großes Plakat mitgebracht und zwei Wege darauf gemalt. Der eine wurde flankiert von grünem Gras, bunten Blumen und führte zur Sonne. Der andere war braun mit grauen Steinen, die zum Ende des Weges immer größer wurden. Dann zeigte ich den Kindern Kärtchen mit Begriffen wie: Freude, Geiz, teilen, helfen, Neid, frech, Betrug, Respekt zeigen, verzeihen, Freundschaft, Gemeinheit, Wut, nachgeben, vertrauen … die Kinder sollten diese Begriffe je einem Weg zuordnen und auf den Weg schreiben. Freude, teilen, helfen schrieben sie auf den blumigen, sonnigen Weg; frech, Betrug, Neid auf den grauen und steinigen Weg.

»Welcher Weg ist schöner, macht mehr Spaß?«, fragte ich.

»Der bunte Weg!«, wussten alle.

»Genau. Der bunte Weg soll zu Gott führen«, erklärte ich. »Wenn wir den Weg mit all der Hilfsbereitschaft und Freundlichkeit gehen, dann freut sich Gott«, sagte ich. »Und wir uns im Übrigen auch. Freundlich sein, miteinander Spaß haben fühlt sich auch für uns viel besser an, als andere zu beleidigen und gemein zu sein«, sagte ich und machte eine kleine Pause. »Aber Gott weiß auch, dass wir manchmal auf den steinigen Pfad gelangen. Dann wendet er sich aber nicht ab und sagt: ›Macht doch, was ihr wollt!‹ Nein, er gibt uns die Chance, unsere Fehler zu erkennen, sie zu bereuen, zu versuchen, es wiedergutzumachen und uns zu entschuldigen.«

Ich teilte die Kinder in Dreiergruppen ein und beauftragte sie, sich eine Geschichte zu diesem Thema auszudenken. Später würden sie mir die Geschichte vorspielen, ich würde sie mit der Handykamera aufnehmen und wir würden alle Ideen dann am Schluss zeigen.

Die Kinder hatten sofort verstanden, worum es ging. Sie spielten die Szene nach, in der ein Kind geklaut hat. Sie spielten, dass jemand auf dem Schulhof geschubst wurde. Und immer entschuldigte sich das Kind für sein schlechtes oder unfaires Benehmen. Durch dieses Rollenspiel und das spätere Ansehen der Szenen wurde den Kindern deutlich, was gemeint ist. (Die Videos habe ich natürlich nach der Stunde sofort gelöscht.)

»Für eure Beichte«, sagte ich, »überlegt ihr euch also, wann ihr euch falsch verhalten habt, und besprecht es mit dem Pfarrer.«

»Sagt er es dann meinen Eltern?«

»Nein«, versicherte ich, »das darf er gar nicht. Es gibt das Beichtgeheimnis. Alles, was ihr dem Pfarrer erzählt, darf er niemals weitersagen.«

Puh, und wieder machte sich Erleichterung unter den Kindern breit.

»Auch nicht der Polizei?«, fragte ein Kind keck, um die Grenzen des Beichtgeheimnisses auszuloten.

»Auch nicht der Polizei!«, sagte ich.

Dann verteilte ich Zettel und Umschläge. Hier konnten die Kinder zu Hause aufschreiben, was sie beichten wollen. Wer sichergehen wollte, dass es niemand sonst liest, konnte den Umschlag verschließen.

Wenige Tage später fand dann für die Erstkommunionkinder ihre erste Beichte in der Kirche statt. Am Tisch sich gegenübersitzend besprach jedes Kind mit dem Pfarrer seine Anliegen. Worüber gesprochen wurde, das blieb natürlich für alle anderen ein großes

Geheimnis. Nach der Beichte kommentierten die meisten Kinder: »Es war gar nicht so schlimm.« Gegenüber einer nicht sehr bekannten Person seine Fehler einzugestehen, ist in der Tat nicht leicht, aber sie haben es alle sehr gut gemeistert.

Wer seinen Zettel oder Brief mit seinen »Fehlern« mitgenommen hatte, konnte diesen im Anschluss an die Beichte in der Kirche draußen in eine Feuerschale werfen. Das Verbrennen des Fehlerzettels sollte einen Neuanfang symbolisieren und dieses Angebot nahmen die Kinder gern an. Natürlich auch, weil Feuer interessant und Kokeln spannend ist.

Als wir in einer der kommenden Gruppenstunden noch einmal über die Beichte sprachen, waren alle Kinder positiv gestimmt. Sie hatten es als nicht schlimm oder als Erleichterung empfunden, mit dem Pfarrer zu reden, und sie fanden das anschließende Verbrennen der Zettel cool. Möglicherweise ist auch das eine oder andere Kind zu jemandem gegangen, um sich zu entschuldigen. Aber das wissen wir ja nicht. Beichtgeheimnis.

Gott ist für dich da

Mit den Kindern habe ich einmal auch über Dank gesprochen. Und ein Kind schrieb in sein Vorbereitungsbuch: »Danke Gott, dass du mich immer magst und immer für mich da bist.«

Ich glaube, dass es Kindern guttun kann, an einen Gott zu glauben, der sie annimmt, wie sie sind, auch wenn sie von Eltern oder Lehrern mal angemeckert, von Geschwistern und Schulkameraden geärgert werden. Ich finde, Kinder dürfen an einen imaginären Freund wie Jesus oder einen Gott, der »oben« im Himmel wohnt und menschliche Züge hat, glauben, wenn sie dadurch zusätzlichen Rückhalt verspüren. Abstraktere Gottesvorstellungen überfordern die meisten Grundschulkinder, denn das abstrakte Denken lernen sie erst später.

Beichtkritiker sagen manchmal: »Die Katholiken brauchen Gott nur von ihren Fehlern erzählen und schon ist alles, als wäre nichts gewesen.«

Ich sehe das ein bisschen anders. In der Bibel ist von »Umkehr« die Rede. Wenn wir erkannt haben, auf dem falschen Weg unterwegs zu sein, dann sollen wir nicht nur dafür um Entschuldigung bitten und einfach weiterlatschen, sondern umkehren und einen neuen, einen besseren Weg suchen. Das ist oft schwieriger als gedacht. Aber ein Gott, der einem das zutraut und die Anstrengung anerkennt, irgendwas im Leben besser machen zu wollen, der ist mir lieber und von dem spüre ich mehr Rückendeckung als von einem, wie ihn sich mancher Kritiker vorstellt: »Man muss nur ›sorry‹ sagen und alles ist wieder im Lot«. Das wäre zu einfach.

Vor einer Weile sahen meine Tochter und ich eine Wissenssendung für Jugendliche (empfohlenes Alter ab 12 Jahren). Dabei ging es um den Besuch im Jugendknast. Der Moderator ließ sich von einem 16-Jährigen erzählen, was er angestellt hatte. Zunächst hatte er gestohlen, hatte dafür aber keine Haftstrafe bekommen. Er hatte weitergemacht, war irgendwann gewalttätig geworden und hatte sein Opfer mit einem Messer verletzt. Dafür hatte er eine Gefängnisstrafe erhalten.

Der Junge erzählte, dass er zunächst gar nicht geglaubt hatte, dafür inhaftiert zu werden. Er hatte angenommen, damit durchzukommen. Doch nun war der Alltag im Gefängnis – strenge Regeln, jeden Tag Schule, eine Stunde Spielzeit am Abend etc. – Realität geworden. Mit Sozialarbeitern und Mithäftlingen spielte er seine Tat nach. Sie sprachen darüber. Er nahm an einem Antigewalttraining teil und spielte Fußball. Der 16-Jährige fand seinen neuen geregelten Tagesablauf gut, denn so was hatte er bis dahin nicht gekannt. Er sei an die falschen Freunde geraten, nicht regelmäßig zur Schule gegangen, habe keinen Sport gemacht und sich irgendwann in dieser Spirale befunden.

Auf die Frage des Moderators, ob er viel über seine Taten nachgedacht habe und ob er vor allem den Messerstich, die Gewalt, bereue, sagte der Junge, dass er das schon bereue und dass er auch gar nicht mehr wisse, was in ihn gefahren sei, aber dass er nie zu dem Opfer gehen würde, um sich zu entschuldigen.

Später diskutierten meine Tochter und ich über die Sendung. Der Junge schien auf einem guten Weg zu sein und sich auch wirklich bessern zu wollen. Das wünschen wir ihm. Möglicherweise würde es ihm noch ein wenig besser gehen, wenn er sich doch bei seinem Opfer entschuldigen würde. Ein harter, schwerer Weg. Doch vielleicht bringt es was, ihn zu beschreiten.

Ob der Schulhofstreit, Zoff mit Geschwistern oder Eltern, unfaires Verhalten beim Sport oder eine Sendung über Straftäter – Menschen machen immer wieder eine Menge Fehler. Menschen schwören, etwas besser machen zu wollen, und scheitern. Menschen verhalten sich rücksichtslos, egoistisch und rüpelhaft. Aber ist es nicht schöner, wenigstens zu versuchen, sich offener, freundlicher, hilfsbereiter, nachsichtiger zu verhalten? Das Christentum bietet uns die Chance und den Rückhalt, immer wieder an uns zu arbeiten – wie beim Psychologen. Auch das finde ich am Christentum gut. Es lohnt sich, diese Themen (die man sogar nicht nur rein religiös, sondern auch moralisch oder psychologisch betrachten kann), Kindern näherzubringen.

Wenn du Mist baust, erkenne es, bereue es, entschuldige dich und versuche, es beim nächsten Mal besser zu machen. Und auch wenn du Mist baust, Gott ist für dich da.

(*Name geändert)

Kurz erklärt:

Das **Beichtgeheimnis** ist unverletzlich. Das bedeutet, dass ein Priester keinesfalls Informationen, die er während einer Beichte erhalten hat, weitergeben darf – auch nicht an die Polizei. Seine verletzenden Taten zu bereuen und dies auch vor Gott zu bringen (ein Priester ist sozusagen das Ohr Gottes bei der Beichte), um dann Vergebung zu erhalten, ist ein geschütztes Gut. Also klarer Fall: Alles, was in der Beichte erzählt wird, wird nie eine andere Person erfahren.

20. FESTE NACH OSTERN

Himmelfahrt, Vatertag oder etwas anderes

Gut gelaunte Radiomoderatoren überschütten in der Früh die Zuhörer mit Fragen: »Was plant ihr am Vatertag? Bollerwagentour? Treffen mit Freunden im Biergarten? Oder einfach abhängen? Ruft uns an, schreibt uns. Wir möchten wissen, was ihr so plant.« Ähnliche Moderationen hören wir zum Valentinstag (»Womit überrascht ihr eure Liebste?«), zum Muttertag (»Was habt ihr für eure Mutti?«) oder zu Halloween (»Als was verkleidet ihr euch? Hexe oder Zombie?«).

Unsere Kinder hören manchmal diese Radiomoderationen. Zuweilen hatten sie im Kindergarten oder in der Schule sogar etwas für den »Vater« gebastelt (ich vermute mal aus Gleichberechtigungsgründen, da immer für den Muttertag gebastelt wird). Aber: Wir »feiern« den Vatertag gar nicht. Den Muttertag übrigens auch nicht. Es gibt so viele andere Möglichkeiten, das ganze Jahr über seiner Mutter und seinem Vater Wertschätzung zu zeigen, das muss nicht ausgerechnet an den kommerzialisierten Mutter- oder Vatertagen geschehen.

Wann wird noch gleich der »Vatertag« gefeiert? An einem Donnerstag im Mai. Das ist ein bundesweiter Feiertag und viele Menschen haben frei. Der Vatertag heißt auch Christi Himmelfahrt – eigentlich haben ja die Menschen wegen Himmelfahrt und nicht wegen Vati frei. Aber das wird im Radio zunehmend seltener besprochen.

Was ist damals, an Christi Himmelfahrt, eigentlich passiert? Jesus ist in den Himmel aufgefahren, was aufgrund der Bezeichnung relativ naheliegend ist. Für die Kinder, die diesen Feiertag im Religionsunterricht besprechen, ist die Sache eindeutig: Nachdem Jesus an Ostersonntag von den Toten auferstanden ist, hat er sich seinen Jüngern, also seinen engsten Freunden, gezeigt und ist noch eine Weile bei ihnen geblieben. Aber es war klar, dass das nicht ewig so bleiben konnte, und so kehrte er heim zu seinem Vater, also zu Gott. (Vielleicht passt Vatertag doch ganz gut zu Christi Himmelfahrt ...) Kinder haben die wunderbare Gabe, sich alles bildlich vorzustellen. Da schieben sich einfach Wolken zur Seite, der Himmel reißt auf, Jesus steigt – ohne Flügel natürlich – nach oben. Vielleicht schaut Gott der Heimkehr seines Sohnes zu. So stellen es sich Kinder vor und sie finden das völlig normal. Meine Kinder kommentierten Himmelfahrt einmal so: »Das passiert einfach.« Weil das ja klar ist. Und mein Jüngster meinte: »Jesus schaut uns dann von oben zu und ist eben nicht mehr bei uns unten.« Achselzucken. Sie schienen mir zu sagen: »Ist doch völlig logisch, Mama.«

Wenn Gott nicht mehr in den Wolken wohnt

Diesen bildhaften, kindlichen Glauben in seinem unerschütterlichen Vertrauen, dass sich das alles wohl so zugetragen hat, finde ich beneidenswert. Dass Kinder daran glauben können, dass sie von Jesus und Gott gesehen, getragen und beschützt werden, finde ich großartig. Die Kunst wird darin bestehen, diesen kindlichen Glauben in einen Glauben zu verwandeln, der auch noch trägt, wenn sie Teenager und junge Erwachsene sind. Ihr kindliches Gottesbild wird irgendwann mit dem, was sie sonst über die Welt lernen, in Kollision geraten – und das ist völlig normal und gehört zum Erwachsenwerden dazu. Doch bei einigen reißt der Glaube dann ab und stürzt in kritische Resignation oder belanglose Egalität (»Das ist alles so nie passiert und was soll ich dann damit?«). Vielleicht streiten sie Gottes Existenz noch nicht einmal ab, aber sie wissen nicht mehr, was sie mit den biblischen Geschichten anfangen sollen, was Gott noch mit ihrem Leben zu tun hat. Sie haben angefangen, zu hinterfragen, und es dämmerte, dass sich die Geschichten aus der Bibel niemals exakt so zugetragen haben können. Gott kann kein Mann sein, der in den Wolken wohnt, aber was ist Gott dann?

Viele Pfarrer, Religionslehrer oder auch Eltern vermögen es nicht, älteren Kindern und Teenagern zu helfen, im Glauben erwachsen zu werden. Also stirbt der Glaube in seinen Kinderschuhen. Darum finde ich, dass es sehr wichtig ist, dass Kinder verständnisvolle Begleiter und Vorbilder im Glauben haben, die ihre Fragen ernst nehmen.

Was war eigentlich an Pfingsten?

Während die Auferstehung Jesu an Ostern (klar kann Jesus von den Toten erweckt werden, er ist doch Gottes Sohn) und Christi Himmelfahrt noch gut für Kinder nachvollziehbar sind, ist Pfingsten sogar für fantasievolle Kinder nicht leicht zu verstehen. Ein Geist, der weder Gott noch Jesus ist, aber irgendwas mit ihnen zu tun hat, stürmt heran. Es ist von Flammen und Zungen die Rede und plötzlich wissen alle Jünger, was sie zu tun haben, und in verschiedenen Sprachen können sie auch noch sprechen. Was soll das denn bitte bedeuten?

»Was war an Pfingsten noch mal?«, fragte auch eins unserer Kinder kurz vor Pfingsten (immer 50 Tage nach Ostern).

Eine Frage, die TV-Sender ebenfalls gern stellen. Mit dem Mikrofon in der Hand durch Fußgängerzonen zu laufen und die Menschen nach Pfingsten zu befragen, ist immer beliebt. Und Überraschung: Die wenigsten Passanten kennen sich damit aus. Ostern und Weihnachten kriegen die meisten Menschen noch auf die Reihe, auch die kirchenfernen. Aber Pfingsten?

Zehn Tage vor Pfingsten ist Jesus aufgefahren in den Himmel (Himmelfahrt). Er kehrt zurück zu seinem Vater, von wo er gekommen ist. Jetzt könnte man denken: aus den Augen, aus dem Sinn. Jesus ist nicht mehr da; er wirkt nicht mehr direkt – vor den Augen der Menschen. Und dadurch könnte seine wichtige Botschaft der Liebe allmählich verblassen.

Das schien auch damals seine Jünger verunsichert zu haben. Was sollten sie nun ohne ihn tun? Darum schickte Gott seinen Heiligen Geist: »Alle wurden mit Heiligem Geist erfüllt und begannen in fremden Sprachen zu reden, wie der Geist ihnen zu sprechen verlieh.« (Apostelgeschichte 2,4) Soll heißen, dass alle Jünger mit großer Freude erfüllt waren, und sie sollen die freudige Botschaft, dass Jesus auferstanden ist, bei seinem Vater im Himmel ist und durch den Heiligen Geist eine Verbindung herstellt, in die Welt hinaustragen, in allen Sprachen.

Ziemlich kompliziert und nicht leicht nachzuvollziehen. Daher verwundert es kaum, wenn die Menschen, gefragt von Reportern, nicht auf die Schnelle erklären können, was Pfingsten bedeutet. Wäre ich das gefragt worden, bevor meine Kinder auf der Welt waren, ich wäre absolut ins Stottern geraten. Auch durch die Kinder habe ich mich wieder mehr mit meinem Glauben beschäftigt.

Und wie erkläre ich es dann Kindern, wenn der Heilige Geist doch kein Gespenst ist, das herumspukt? Symbolisiert wird der Geist oft durch eine weiße Taube. Wer mit seinen Kindern hin und wieder Kirchen besucht, und sei es nur zum Anschauen, der kann einmal auf die Suche nach einer weißen Taube in den Kirchenfenstern gehen.

Pfingsten könnte man als den Beginn der Kirche verstehen. Die Jünger (und Jüngerinnen) liefen hinaus in die Welt und berichteten freudig über Jesu Leben und seine Botschaft. Möglich gemacht hat das der Geist, etwas Wunderbares. Die Botschaft wurde über Jahrtausende weitererzählt, das ist schon besonders. Und sie ist ja auch großartig. Die Botschaft lautet: Liebe! Tut anderen Gutes und es wird euch selbst gut gehen. Liebt euren Nächsten wie euch selbst. Liebt eure Nächsten, auch eure Feinde. (Was besonders schwierig ist und den Menschen fast Unmögliches abverlangt.) Aber wäre das nicht eine wunderbare Welt, wenn wir uns alle mögen und einander helfen würden? (Klappt nur leider nicht immer.)

Pfingsten zu verstehen, bedarf einiger Anstrengung. Und oft wird es in den Predigten oder im Religionsunterricht auch nicht besonders verständlich erklärt. Kein Wunder also, dass der österliche Gedanke noch ankommt, aber die Weiterführung über Christi Himmelfahrt und Pfingsten verebbt. Da tut man sich leichter, »Vatertag« zu sagen.

Übrigens bin ich der Auffassung, dass der Staat kirchliche Feiertage wie Christi Himmelfahrt oder Pfingstmontag ruhig abschaffen kann, wenn die meisten Menschen nichts mehr damit anfangen können. Einmal traf ich eine Jüdin, die mit ihrem Arbeitgeber vereinbart hatte, an für sie wichtigen jüdischen Feiertagen wie Jom Kippur immer Urlaub nehmen zu dürfen (und dass sie an diesen Tagen auch keiner unternehmerischen Urlaubssperre unterlag). Das wäre für Christen ebenso eine Möglichkeit. Es wird niemand gezwungen, an etwas zu glauben oder einer Kirche angehörig zu sein. Aber dann braucht es christliche Feiertage, wo (fast) alle frei haben, auch nicht mehr.

21. ERNTEDANK

Nudeln in der Kirche
Vom Teilen und Danken

Ist es nicht merkwürdig, dass es einige Feste oder Anlässe nur in der Kindheit zu geben scheint? Wenn wir älter werden, werden sie bedeutungslos, bis diese verblassten Kindheitserlebnisse wieder aufleuchten, wenn wir selbst Kinder haben. Mir ging es jedenfalls so mit dem Erntedankfest, dem Martinstag und dem Nikolaustag.

Das Erntedankfest wird alljährlich (meist) am ersten Sonntag im Oktober gefeiert. Es ist keinesfalls ausschließlich ein christliches Fest, sondern auch ein rituelles, das es beispielsweise schon bei den Römern gab. Beim Erntedankfest werden Gaben vor dem Altar aufgebaut und in manchen Gemeinden gibt es sogar Umzüge. Es wird Gott gedankt und wir sollen uns daran erinnern, dass der Mensch nicht allein für eine gute Ernte zuständig ist. Ob man dem nun zustimmt oder nicht, so finde ich es nicht verwerflich, einmal darüber nachzudenken, was wir alles haben, und dafür zu danken. Unsere Kinder verpassen keinen Unterricht, um arbeiten gehen zu müssen wie in vielen anderen Ländern der Welt. Unsere Kinder müssen nicht hungern wie in anderen Ländern. (Ja, es gibt Kinder, die leider auch in Deutschland auf das Essen in der Schulkantine angewiesen sind, weil ihre Eltern nicht genug Geld für regelmäßig warme Mahlzeiten haben. Und es gibt Kinder, deren Eltern sich Lebensmittel bei einer Tafel abholen, weil sie sonst einfach nicht über die Runden kommen. Unsere Kinder sind darauf nicht angewiesen, wofür wir überaus dankbar sind.) Es ist nicht verkehrt, nicht alles für selbstverständlich zu halten.

Der Kindergarten, den unsere Kinder besuchten, ist einmal zu einem Erntedankfest mit Kindern wie teilnehmenden Eltern in eine protestantische Nachbargemeinde gefahren. Dort hörten wir verschiedene Texte und Danksagungen und die Kinder führten ein kleines Theaterstück auf, das das Thema »Essen und Teilen« behandelte. Die Kinder waren sehr aufgeregt und freuten sich, bei so einer Aufführung mitmachen zu dürfen, und alle haben es großartig gemacht! Ach, das Kindergartenalter ist so goldig!

Nach der Aufführung brachten die Kinder mitgebrachte Gaben (gespendet von Eltern) zu einem großen Tisch: Mehl, Reis, Nudeln, Zucker, Tomaten in Dosen, Äpfel, Kekse und vieles mehr. Diese Gaben leitete die Gemeinde an die in der Nähe arbeitende Tafel, wo die gespendeten Lebensmittel abgeholt werden konnten, weiter. Die Idee des Kindergartens, das Erntedankfest nicht ausschließlich mit einem Theaterstück und Gebeten in der Kirche zu feiern, sondern gleich für praktische Hilfe zu nutzen, fand ich super! Unsere Kinder haben gern mitgewirkt und sie haben erfahren, dass sich nicht jeder Mensch einfach so im Supermarkt alles, was er braucht oder essen möchte, in seinen Wagen packen kann. Eine Mitarbeiterin der Tafel erklärte den Kindern, dass es in der Nachbarschaft Menschen gibt, die sehr genau rechnen müssen, wie viel Geld sie für eine Packung Nudeln ausgeben können, und die am Monatsende manchmal kein Geld für ein Mittagessen übrig haben. Von Keksen ganz zu schweigen.

22. STERBEN UND TOD

Über den Tod (hinaus)
»Kannst du eine Kerze auspusten?«

Einmal fuhr ich als »Mama-Taxi« meine Kinder und deren Freunde zum Sport. Das Interessante beim Fahrdienst ist, dass man hört, worüber sich die Kinder so unterhalten, denn sie nehmen den Erwachsenen gar nicht wahr – sofern er sich nicht in die Unterhaltung einmischt. Und bei besagter Tour erzählte ein Kind, dass es seinem Onkel nicht gut ginge und dieser schon seine Beerdigung plane. Vorne, auf dem Fahrersitz, schluckte ich. Was für eine traurige Nachricht, obwohl ich ihn gar nicht kannte.

Doch die Kinder gingen ganz anders damit um. Niemand sagte: »Wie schrecklich, dein armer Onkel!« Oder: »Das ist ja furchtbar.« Nein. Sie besprachen, was sie wohl unternehmen würden, wenn sie wüssten, dass sie bald sterben müssten. Es war ein lebhaftes Gespräch. Ich empfand es weder als herzlos noch gedanken- oder pietätlos. Ich empfand es als grundehrlich und wahrhaftig. Inhaltlich gab es exakt zwei Richtungen bei den Antworten: Die einen wollten noch unbedingt eine Weltreise machen oder ein besonderes Land besuchen, etwas von der Welt sehen, bevor sie gehen. Die anderen wollten viel Zeit mit der Familie verbringen, ihre Liebsten um sich haben. Reisen und Familie – das war ihnen wichtig. Keines der Kinder wollte ein neues iPad, shoppen gehen oder eine

Eins in Deutsch schreiben. Wenn es zu den essenziellen Fragen kommt, haben auch Kinder intuitiv die richtigen Antworten.

Auch bei uns daheim kommt gelegentlich die Sprache auf den Tod. Mich ängstigt das Thema etwas. Obwohl es das nicht sollte. Ist mein Glaube nicht stark genug? Bin ich keine »ordentliche« Christin, weil mich Gedanken an den Tod ängstigen? In erster Linie tun sie das, weil ich vor allem meine Kinder nicht verlieren will. Nicht beim Verkehrsunfall, nicht aufgrund einer schweren Krankheit. Das ist egoistisch, ich weiß. Aber ich kann nicht anders, als mir zu wünschen, dass ihnen nichts geschieht. Welch unfassbares Leid erfahren Eltern, deren Kind stirbt.

Aus irgendeinem abstrakten Grund sprachen wir plötzlich beim Essen über den Tod und mein Sohn sagte locker: »Wenn ich tot bin, dann sehe ich euch von oben. Das finde ich gar nicht so traurig.«

Ich dachte mir: »Ich schon! Denn ich möchte nicht, dass mein Kleiner zuerst stirbt!« Aber er hat sich offenkundig genau ausgemalt, wie er auf uns schaut – wie aus einem Flugzeug oder einer Rakete – und dass er dann genau sieht, was wir den ganzen Tag so machen.

Auch wenn ich ihm ein langes, gesundes, glückliches und erfülltes Leben wünsche, so beruhigt es mich dennoch auf eine Weise, dass mein Kind in seinem jetzigen Alter keine Angst vor dem Tod hat. Und ich finde: Die soll er auch nicht haben.

Meiner Ältesten wird es schon ein wenig unheimlicher zumute. Sie meinte einmal zu mir: »Wenn du tot bist, kannst du mir dann ein Zeichen geben, dass du noch irgendwie für mich da bist? Vielleicht«, überlegte sie, »wenn ich in die Kirche gehe, dann könntest du eine Kerze auspusten und dann weiß ich, du bist in der Nähe.«

»Wie ein Geist?«, fragte ich.

»Nein, eher nicht wie ein Geist. Gespenster gibt es ja nicht. Eher wie etwas, dass ich nicht sehe, aber trotzdem da ist«, meinte sie.

»Wenn du an mich denkst, bin ich immer in deinem Herzen. Reicht dir das nicht?«, fragte ich.

Sie schüttelte den Kopf.

»Oh«, dachte ich, »sie braucht Vergewisserung. Das ist natürlich schwierig im Glauben, aber ich kann sie verstehen.«

Wir haben an dem Tag das Thema nicht mehr vertieft. Permanent über den Tod zu reden, finde ich mit Kindern nicht angebracht. Sie haben ihr Leben vor sich, haben Energie, Träume, Pläne. Da sollten sie nicht ständig grübeln, was wohl nach dem Tod kommt. Zudem waren unsere Kinder noch nie mit dem Tod einer nahestehenden Person konfrontiert, weshalb sie noch nie wirklich getrauert haben.

Seit die Kinder vier oder fünf Jahre alt waren, haben sie immer mal wieder tote Tiere gefunden. Einen Igel, eine Amsel, eine Meise. Diese Tiere haben wir dann gemeinsam begraben. Und obwohl es nicht unsere Haustiere waren, haben die verstorbenen Tiere den Kindern sehr leidgetan. Natürlich kam die Frage: »Gibt es einen Tierhimmel?« Und ich habe geantwortet: »Ich denke schon, dass es auch so was wie einen Tierhimmel gibt.« Sofort malten sie sich aus, wie der Igel dann dort wohl durch die Gegend schnuppert. Kinder sind offenbar erleichtert, wenn es nach dem Tod nicht einfach heißt: Ende, Erde, Dunkel. Das ist ja auch deprimierend.

Sie haben für den Igel damals sogar ein kleines Holzkreuz gebastelt. »So, jetzt bist du bei den anderen Igeln«, haben sie gesagt. Danach gingen sie schaukeln. Allerdings war es ja auch »nur« ein Igel.

Offenheit ist wichtig

Irgendwann wird uns der Tod wieder beschäftigen. Sei es, weil die Kinder im Religionsunterricht über Karfreitag sprechen; sei es, weil sie Fragen haben, oder sei es, weil irgendwann einmal jemand stirbt, der uns nahesteht. Wie wir dann unseren Kindern bei der Trauer helfen, kann ich momentan nicht sagen. Und daher kann ich hier auch gar keinen Ratschlag für die Trauer bei Kindern geben. Das fände ich vermessen.

Für dieses Buch habe ich bei einem Experten nachgefragt, wie Eltern mit Kindern am besten umgehen können, wenn ein der Familie nahestehender Mensch stirbt. »Offenheit und Authentizität sind hilfreich«, sagt Psychotherapeut und Arzt Dr. Martin Kuse-Isingschulte. »Wenn Eltern um einen geliebten Menschen, beispielsweise die Tante oder den Vater, trauern, dann bemerken Kinder diese elterlichen Gefühle. Wenn jemand traurig über seinen Verlust ist, hat es keinen Sinn, dies zu verschweigen, denn Kinder haben dafür einen untrüglichen Sinn. Würde man nicht darüber sprechen oder sich ›verstellen‹, könnten die Kinder mit dem verunsichernden Eindruck der schweigend-trauernden Eltern allein bleiben, dies kann verstörender wirken als ein offenes Gespräch. Auch wenn es den Eltern schwerfallen sollte, wird durch das behutsame Thematisieren eine gemeinsame Trauer und damit auch ein Abschiednehmen möglich.«

Bis zu einem Alter von ungefähr drei Jahren könnten sich Kinder noch nicht vorstellen, warum die Oma nicht mehr da ist, mit zunehmendem Alter verstünden sie es allmählich besser. »Und Kinder fragen dann auch, warum der Opa nicht mehr zum Geburtstag kommt«, weiß Kuse-Isingschulte. »Man kann sich gemeinsam mit dem Kind Gedanken um den Verstorbenen machen. Eine Möglichkeit, das Gespräch zu eröffnen, ist die Frage, woran ein Kind denkt, wenn von einem Verstorbenen die Rede ist. Meistens schildert ein Kind dann spontan eine Erinnerung an ein gemeinsames Erlebnis und die damit verbundenen Gefühle, aus denen eine Geschichte werden kann. In diesem gemeinsamen Erzählen und Erinnern liegt die Möglichkeit, abgesehen von einer Traurigkeit auch zusammen Trost zu erleben, indem man die verbindenden Gefühle und Erinnerungen miteinander teilt.«

Jüngeren Kindern könne man vorschlagen, ein Geschenk des Opas oder der Oma als besonderes Andenken aufzubewahren, rät Martin Kuse-Isingschulte. »Trauerrituale haben nicht zufällig eine lange Tradition und erleichtern den Umgang mit einem Verlust. Zünden Sie zum Beispiel mit dem Kind eine Kerze an, denken sie an den verstorbenen Menschen, lassen Sie Fragen der Kinder zu und gehen Sie möglichst offen damit um. Die Fantasien darüber, was der Tod bedeutet, sind individuell und dem Alter entsprechend unterschiedlich, eine Vorstellung, die zu ihnen passt und trösten kann, finden Kinder meist von allein, wenn sie verständnisvoll und offen begleitet werden.« Ein entsprechendes Gedenkritual sollte zeitlich und räumlich aber begrenzt sein und sich nach den Bedürfnissen und Vorstellungen der Kinder richten, empfiehlt der Psychotherapeut.

Der Tod gehört dazu

Noch vor ein paar Jahrzehnten spielte der Tod eine wesentlich präsentere Rolle in unserer Gesellschaft: Gefallene im Krieg, eine höhere Kindersterblichkeit, Krankheiten, die man noch nicht wie heute behandeln konnte. Meine Großmutter hat zwei Kinder im Säuglingsalter verloren, die heute wahrscheinlich medizinisch hätten behandelt werden können. Doch wir sind keine Kriegsgeneration mehr und die Medizin hat deutliche Fortschritte erreicht. Viele in der westlichen Welt haben erst wieder durch die Corona-Pandemie gezeigt bekommen, wie machtlos wir Menschen gegen ein kleines Virus sein können.

In den 1980er Jahren erklärte mir eine entfernte Verwandte, sie würde niemals mit ihren Kindern über den Tod sprechen, da der Tod so grauenvoll sei. Mich irritierte dies. Einerseits, weil sie ja mit mir – damals Kind – darüber sprach (also schien die Regel nicht für andere Kinder zu gelten und sie versuchte nur, ihre eigenen

Kinder von dem Thema fernzuhalten). Andererseits, weil ich der kindlichen Auffassung war, nach dem Tod treffen wir uns alle im Himmel wieder. Wo war das Problem?

Die Kinder sollte man meiner Meinung nach nicht mit zu vielen schwierigen oder auch verstörenden Themen belasten. (Unser Kleiner sieht keine Tagesschau, weil ich manche Bilder zu krass finde. Da bekommt man ja Albträume. Und unsere Tochter hat sich mal eine Logo-News-Auszeit zu Corona gegönnt, weil sie dazu einfach nichts mehr hören und sehen wollte. Völlig verständlich.) Aber das Thema »Tod« während der Kindheit vollständig auszuklammern, wie es meine Verwandte versucht hatte, halte ich persönlich auch nicht für den geeigneten Weg.

Eine meiner Tanten sagte einmal sehr pragmatisch: »Sollte ich nach meinem Tod feststellen, dass ich mich geirrt habe, und es gibt ›Nichts‹ nach dem Tod, so habe ich doch mit einem schönen Irrtum gelebt.«

Warum also die Kinder nicht in tröstende Gedanken hineinwachsen lassen, dass mit dem Tod nicht alles vorbei ist? Zumal ich, als ihre Mutter, ja grundsätzlich daran glaube.

Als Jugendliche fuhr ich mit Freundinnen unter Leitung unseres Pastoralreferenten eine Woche nach Taizé in Frankreich. Der kleine Ort ist der Sitz einer internationalen ökumenischen Gemeinschaft und er ist heute ein Treffpunkt für Jugendliche aus der ganzen Welt. Bis zu 100.000 Jugendliche kommen jedes Jahr für eine Woche nach Taizé. Der Tagesablauf ist strukturiert. Gebete, Bibelstunden und Gottesdienste geben Zeit und Raum für Diskussionen und Besinnung.

Gelebt wird in Taizé schlicht in Zelten oder Baracken; auch das Essen ist schlicht. Viele Jugendliche schätzen diese Einfachheit, das »Sich-geerdet-Fühlen«, die Besinnung auf das Wesentliche. Taizé-Treffen gibt es mittlerweile überall auf der Welt, die »Gesänge aus Taizé« werden in vielen Gottesdiensten gesungen. Auch sie sind simpel, eingängig, meditativ.

Kurz erklärt:

Es gibt mehrere kirchliche Feiertage, an denen wir der Verstorbenen gedenken. **Allerseelen** (2. November) ist ein katholischer Gedenktag. Viele, die einen lieben Menschen, beispielsweise Oma oder Opa, verloren haben, gehen dann zum Friedhof, um an ihrem Grab an die Verstorbenen zu denken, denn die Christen glauben, dass der Körper zwar begraben wurde, aber die Seele ist zu Gott gegangen. Oft brennt ein Licht, das Grablicht, auf einem Grab. So ein Licht kann zeigen, dass man an die Verstorbenen denkt.

Einen Tag zuvor, am 1. November, feiern Katholiken **Allerheiligen**. (Oft wird Allerheiligen und Allerseelen auch als Doppelfeiertag zusammen gefeiert.) An diesem Tag, der in manchen Bundesländern ein offizieller Feiertag ist, soll aber keineswegs nur der nominell Heiligen gedacht werden, sondern allen Christen, die ein gutes Vorbild sein können und im besonderen Maße Jesus Christus nachfolgen, ähnlich der Heiligen Nikolaus oder Martin oder Elisabeth. Zudem sollen die Totengedenktage eine Verbindung zwischen dem irdischen Leben und dem Leben nach dem Tod herstellen, also auch an Jesu Auferstehung an Ostern erinnern. Protestanten gedenken ihrer lieben Verstorbenen am Totensonntag. Das ist ein Sonntag vor dem ersten Advent. (Daher eröffnen auch die Weihnachtsmärkte nicht vor dem Totensonntag, ein Tag, der auch in Stille begangen wird.)

Die Gottesdienste, auf dem Boden sitzend, von unzähligen Kerzen und gedämmten Lichtern umgeben, strahlten eine unglaubliche Kraft aus. Noch immer habe ich Textpassagen im Ohr und eine
beruhigt beim Gedanken an den Tod ungemein:

Meine Hoffnung und meine Freude

Meine Hoffnung und meine Freude,
meine Stärke, mein Licht:
Christus meine Zuversicht,
auf dich vertrau ich und fürcht mich nicht,
auf dich vertrau ich und fürcht mich nicht.«

(von Jacques Berthier 1988, für die Communauté de Taizé
komponiertes Kirchenlied,
© Ateliers et Presses de Taizé, 71250 Taizé, Frankreich)

Dass sie sich nicht fürchten brauchen, ist ein guter Gedanke, den ich
meinen Kindern mitgeben möchte.

23. MARTINSTAG

Rabimmel, rabammel, rabumm

Die Bäume haben fast alle Blätter verloren, Wind weht Mützen vom Kopf und nicht selten regnet es stundenlang. Der November ist da und nicht immer beschert er uns sonnige Herbsttage. Doch weder Wind noch Kälte noch Regen haben je unsere Kinder davon abgehalten, beim Martinsumzug mitzulaufen. Lange vor dem 11. November haben sie in den Spielgruppen oder im Kindergarten fleißig an ihren wunderschönen, bunten Laternen gebastelt. Ab 17 Uhr versammelten wir uns dann alle in der Kirche. Je nach Wetterlage mit Mütze, Schal, Regenschirm oder gleich im Schneeanzug. Ältere Kinder führten in der Kirche die Geschichte des heiligen Martin auf.

Wenig später machten sich Kinder, Eltern, Großeltern, Paten, Freunde und viele Kinderwagen auf den Weg nach draußen. Am Kopf des Zuges ritt »Martin« auf seinem Pferd, hinter uns fuhr die Feuerwehr. Die Straßen waren für den Umzug abgesperrt worden. Der Tross aus dunklen Jacken und leuchtenden Laternen lief durch den Ort, immer begleitet von einem Sänger des Kirchenchors, der über ein Megafon den Ton angab.

Nach unserem singenden Rundgang – rabimmel, rabammel, rabumm – kamen wir im Innenhof der Kirche an, wo bereits ein Martinsfeuer in einer großen Schale entfacht worden war. Kinder wie Eltern stellten sich im großen Kreis drum herum auf und die Kinder bestaunten Martin auf seinem großen Pferd. Zum Schluss gab es Kinderpunsch und gebackene Gänseplätzchen für alle, gute Gespräche unter Erwachsenen und Fangenspiel der Kinder. Den Martinstag zu feiern, war für unsere Kinder immer ein wunderschönes Ereignis. Sie mochten die Aufführung in der Kirche, waren fasziniert vom Lichtermeer aus Laternen, sie sangen lautstark mit und Gänsekekse futternd spielten sie gern mit ihren Freunden im Pfarrhof. Kirche gemeinsam und spielerisch erleben, das mögen Kinder.

Martin und die Gänse

Um den heiligen Martin ranken sich viele Legenden. Die Legende von der Teilung des Mantels ist die bekannteste. Sie geht wie folgt: Als römischer Soldat trifft er an einem Stadttor auf einen Bettler, der in der Kälte sitzt und friert. Ohne zu zögern, zieht Martin sein Schwert und teilt seinen Mantel in zwei Hälften. Eine Hälfte gibt er dem Bettler. In der darauffolgenden Nacht erscheint Jesus in Martins Traum. Er trägt einen halben Mantel und spricht zu den Engeln: »Martin hat mich mit diesem Mantel bekleidet.« Im Sinne des Bibelverses »Was immer ihr einem dieser meiner geringsten Brüder getan habt, das habt ihr mir getan.« (Matthäus 25,40) hat der römische Soldat gezeigt, dass er ein Jünger Jesu ist. Seine Tat zeigt: Überall wo man Schwächeren und Ärmeren hilft, tut man es auch für Jesus und damit wieder für sich selbst, weil Nächstenliebe ein besserer Weg ist als Hass.

Nach diesem Traum beschließt Martin, den Militärdienst zu quittieren und Jesus nachzufolgen. Die Menschen sind von Martins guten Taten so begeistert, dass sie ihn zum Bischof haben wollen. Der Legende nach versteckt sich Martin in einem Gänsestall, weil es ihm unangenehm ist, Bischof von Tours zu werden. Er fühlt sich nicht würdig. Doch die Gänse verraten ihn mit lautem Geschnatter.

Aus dieser Legende heraus entwickelte sich vermutlich der Brauch, an Sankt Martin Gänse zu braten oder auch Plätzchen in Form von Gänsen zu backen.

So wie es die Legende erzählt und noch heute in Kinderbüchern zu finden ist, wird das Leben des wahren Martin wohl nicht ganz verlaufen sein. Doch dass Martin anderen Menschen Gutes getan und so Licht in die Welt gebracht hat, scheint erwiesen zu sein. Und dies ist der Kern der Botschaft.

Vor allem Kleinkinder kümmern sich darum, dass sie etwas zu essen bekommen, dass sie mit ihrem Lieblingsspielzeug spielen können. Dieser natürliche Egoismus im Kleinkindalter ist normal, ja, er muss so sein. Wenn ein Baby nicht durchdringend schreien würde, wenn es Hunger hat, würde es womöglich verhungern. Kinder müssen sich um ihre Bedürfnisse kümmern.

Doch mit zunehmendem Alter, mit dem Interagieren unter Geschwistern oder Kindergartenkindern lernen sie, wie sie sich in der Gruppe und mit Freunden verhalten. Das dauert Jahre und oft ist sich das Kind noch immer selbst am nächsten. Denn Teilen kann echt unpopulär sein: Wer will schon Gummibärchen abgeben, wenn er alle für sich haben kann? Das ergibt aus Kleinkindsicht wenig Sinn. Doch Kinder bemerken bald, wann sich das Gegenüber über das Teilen freut. Sie erleben, dass auch andere Kinder bereit sind, von ihrer Schokolade abzugeben oder einen Ball auszuleihen. Diese Erlebnisse führen dazu, dass Kinder den Sinn des Teilens besser verstehen. Möchten Eltern dieses Verhalten unterstützen, können Geschichten wie die vom heiligen Martin helfen.

Auch wenn unsere Kinder mittlerweile zu alt für den Martinsumzug sind, was wir Eltern wehmütig registriert haben, so hören sie die Martinsgeschichte immer wieder gern. Schöne Erinnerungen an bunte, zuweilen nasskalte, mit Licht und Liedern begleitete Umzüge bleiben. Vielleicht begegnet der Martinsumzug unseren Kindern später wieder, wenn sie selbst Kinder haben – und uns dann als Großeltern.

∽ Rezept für Martinsgänse aus Quark-Öl-Teig ∽

250 g Quark, 125 g Zucker, 1 Pck. Vanillezucker, 1 Ei, 10 EL Öl, Prise Salz, 400 g Mehl, 1 Pck. Backpulver, 1 Eigelb, 1 EL Milch. Quark, Zucker, Vanillezucker, Salz, Eier, Öl und Milch miteinander verrühren. Mehl mit Backpulver vermischen und mit den restlichen Zutaten zu einem glatten Teig kneten. Den Teig ungefähr 1 cm dick ausrollen und die Gänse ausstechen. Eigelb mit Milch verquirlen und die Gänse damit bestreichen. Wer mag, kann Rosinen als Augen einsetzen. Im vorgeheizten Backofen (Umluft 180 Grad) ungefähr 20 Minuten backen.

24. ABENDRITUALE

Gutenachtgebete

Seit unsere Kinder Babys waren, beten wir für sie und mit ihnen. Jeden Abend. Heute beten wir immer noch mit ihnen, obwohl sie längst alt genug sind, um allein ins Bett zu gehen. Doch wir schicken sie nicht einfach in ihre Zimmer. Ohne ihnen »Gute Nacht« zu sagen, ohne sie noch einmal kurz zu drücken, ohne ein Gebet als endgültigen Tagesabschluss würde mir etwas fehlen. Es wäre, als würde ich die Kinder und den Tag ins Leere laufen lassen.

Die Abendzeit ist bei uns eine besondere Familienzeit. Wir sind gern alle zusammen. Wir versuchen, gemeinsam zu essen – was oft, aber nicht immer gelingt. Wir reden. Wir lesen. Wir lesen vor. Wir sehen uns gemeinsam eine Serie an. Dass mein Mann und ich die Kinder ins Bett bringen, ist bei uns normal. Wir mögen das. Alle. Wenn mein Mann und ich abends unterwegs sind – egal ob privat oder beruflich –, mögen es die Kinder nicht besonders. Vor einiger Zeit gab es bei mir mal eine Phase, in der ich abends viel unterwegs war. Elternabende, Chorprobe, Lesung, Geburtstag einer Freundin, so was eben. Jede Veranstaltung für sich genommen war informativ, amüsant oder interessant. Aber in der Fülle waren die Termine zu viel.

Eines Abends kam ich gegen dreiundzwanzig Uhr heim und fand einen Zettel auf meinem Kopfkissen. »Für dich finde ich es schön, wenn du so viele Sachen machst. Aber ich mag nicht, dass du dauernd weg bist.« Wow! Das Kind (zu der Zeit im Grundschulalter) hatte erstaunlich souverän unterschieden in Dinge, die mir Freude bereiteten (ja, auch Elternabende können amüsant sein) und der Tatsache, dass es meine permanente, abendliche Abwesenheit nicht mochte. Es hatte kein Geplärre, Gekreische oder trotziges Verhalten im Flur bei der Verabschiedung gegeben. Es gab eine Notiz bei meiner Wiederkehr. Das hat mich sehr bewegt. Den Zettel habe ich aufgehoben und seither versuche ich, abendliche Termine und Verabredungen besser zu verteilen, sodass nicht alles in eine Woche fällt. Denn die Abendzeit ist für uns alle eine sehr besondere und familiäre Zeit.

Dazu gehört auch das »Ins-Bett-Bringen« der Kinder. Sie liegen eingekuschelt in ihren Betten. Ich sitze auf der Bettkante, bin ihnen nahe. Manchmal sprechen wir über den Tag, manchmal lesen wir auch im Kinderzimmer. Wenn es Zeit wird, das Licht zu löschen, spreche ich für sie unser Gutenachtgebet (auch wenn sie es auswendig können).

Lieber Gott,
nun schlaf ich ein,
drum schicke mir ein Engelein,
das an meinem Bettchen wacht
und mir 'nen schönen Traum gebracht.

(mündlich überliefert)

Der Tag hat mir gefallen.
Du hast ihn schön gemacht.
Nun schenke mir und allen
auch eine gute Nacht.

(mündlich überliefert)

Manche Eltern singen für oder mit ihren Kindern lieber ein Gutenachtlied wie »Weißt Du, wie viel Sternlein stehen«, ein gesungenes Gutenachtgebet. Andere beten für oder mit ihnen ein frei formuliertes Gebet. Ich finde, wie bei allen Gebeten, so gibt es auch beim Gutenachtgebet kein richtig oder falsch. Was soll schon die Definition von einem »richtigen Gebet« sein? Erlernte Gebete können eine Hilfe, eine Stütze sein. Ich las von einem Mann, der in einer bestimmten Situation beten wollte, ihm fiel aber nicht ein, was er beten könne. Da nahm er das Vaterunser, weil er das aus Kindertagen noch auswendig kannte. Über das Vaterunser sei er zu eigenen Gedanken, zum Gespräch mit Gott gekommen.

Natürlich wird das Vaterunser auch ganz bewusst gebetet, aber es kann eben auch eine Stütze für Unsichere sein. Wer keinen Small Talk kann, redet übers Wetter. Vielleicht kommt man darüber zu anderen Gesprächsthemen.

Die Hauptsache ist doch, dass ich mit Gott in einen Dialog treten möchte. Wann, wie, wo ist eher nebensächlich. Und dennoch empfinde ich es immer wieder als schön, zu bestimmten Zeiten oder an bestimmten Orten mit Gott ins Gespräch zu kommen.

Behüte unsere Kinder

Das Gutenachtgebet ist für mich persönlich ein melancholisches Gebet. Während ich spreche, bitte ich im Stillen, dass meinen Kindern nichts geschehen möge. Wenn es nach mir ginge, sollten sie natürlich immer gesund und glücklich sein. Jede Mutter wünscht sich das für ihre Kinder. Ob dies allerdings zeit ihres Lebens so sein wird, bezweifle ich. Denn es gibt in jedem Leben unglückliche Phasen oder auch Krankheiten. Diese Wünsche äußere ich nicht laut. Meine Kinder sollen entspannt einschlafen und nicht nervös werden. Nein, diese Wünsche, dass es ihnen gut gehen möge, sende ich leise zu Gott. Jeden Abend. Mit blauen Flecken, Schürfwunden und Schnupfen kommen Kinder klar; auch damit, dass sie nicht dreißig beste Freunde in der Klasse haben. So ist das Leben. Aber eine schwerwiegende Krankheit wünsche ich ihnen natürlich auf keinen

Fall. Auch bin ich dankbar, dass sie ein paar gute Freunde haben, mit denen sie spielen, lachen und reden können.

Doch die Idee, die Vorstellung, die ich von Gott habe und die ich versuche, an meine Kinder weiterzugeben, erhalte ich aus der Bibel, vor allem aus den Evangelien. Wenn ich meinen Kindern weitergebe, wie wichtig Liebe ist, dass sie Freunden helfen sollen, dass sie sich für Fehler entschuldigen, dass sie Kompromisse eingehen, dann können meine Kinder daraus lernen, wie sie mit anderen Kindern umgehen. Ich glaube, wer egoistisch und egozentrisch durchs Leben geht, nur seinen Vorteil sieht und selten Rücksicht nimmt, der kann nicht viele wahre Freunde haben.

Meine Kinder haben Freunde. Und natürlich lernen sie noch immer, wie man sich am besten in welcher Situation verhält. Das Austarieren von Verhalten und Charaktereigenschaften – mal zickig, mal angeberisch – gehört zur Entwicklung eines Kindes. Es kommt aber auch darauf an, welche Werte den Eltern wichtig sind. Welches Kind daheim nur »Ich, ich, ich« oder »Mein Auto, mein Haus, mein Urlaub« hört, das wird dieses Verhalten auf dem Schulhof imitieren.

Ich kann abends beten, dass meine Kinder glücklich mit ihren Freunden sind. Ebenso kann ich ihnen beibringen, wie man sich in einer Freundschaft verhält, damit diese Bestand hat. In welchem Sinne auch immer wirkt Gott in unsere Familie hinein. Und er wird verstehen, dass ich als Mutter doch so egoistisch denken, wünschen, beten will, ja muss, dass meinen Kindern nichts Schlimmes zustößt.

Wenn mich jemand fragen würde, ob ich bei einem Flugzeugabsturz mit oder ohne Kinder im Flugzeug sitzen wollen würde, würde ich immer sagen: Ohne meine Kinder. Sie haben noch das ganze Leben vor sich. Ob Gott sich tatsächlich für das tägliche Wohlergehen meiner Liebsten zuständig fühlt, weiß ich nicht. Aber ich kann beten und bitten.

BUCHTIPPS UND LINKS

Es gibt sehr, sehr viele Bücher für Kinder, die sich mit christlichen Werten, den großen Festen im Kirchenjahr, Religion und Philosophie beschäftigen. Nachfolgend eine kleine Auswahl an Büchern, die unsere Kinder haben oder die sie im Kindergarten, bei Freunden, in der Kirche mal angeschaut oder gelesen haben. Einige Bücher werden heiß geliebt und noch immer von unseren Kindern gelesen. Auch als Geschenkideen – zum Nikolaus, zu Weihnachten, zur Kommunion – eignen sich die Bücher sehr gut.

Kinderbibeln

Anselm Grün/Giuliano Ferri, *Die große Herder Kinderbibel*, Verlag Herder 2019.

Jutta Bergmoser/Michaela Heitmann, *Meine erste kleine Kinderbibel* (aus der Reihe »Der kleine Himmelsbote«), Coppenrath Verlag 2021 (ab 3 Jahren).

Barbara Bartos-Höppner/Renate Selig, *Die große Kinderbibel*, arsEdition 2020.

Christiane Heinen/Leon Baxter, *Meine erste Bibel*, Verlag Herder 2012 (nur noch antiquarisch).

Zu den Festen des Kirchenjahrs

Anselm Grün/Giuliano Ferri, *Die Legende vom Heiligen Nikolaus*, Verlag Herder 2018 (Bilderbuch).

Dörte Beutler/Michaela Heitmann, *Die Geschichte vom Heiligen Nikolaus*, Gabriel Verlag 2019 (Bilderbuch).

Adam und Charlotte Guillain, *Der Weihnachtscountdown*. Noch 24 Tage bis Weihnachten! arsEdition 2019 (Bilderbuch).

Wiebke Andresen-Oberschäfer/Regina Kehn (Hg.), *Ein Stern strahlt in der dunklen Nacht, Geschichten, Lieder und Gedichte zur Weihnachtszeit*, Carlsen Verlag 2019.

Andreas H. Schmachtl, *Weihnachten! 24 Geschichten mit Tilda Apfelkern, Snöfrid und vielen anderen*, Arena Verlag 2018 (Vorlesebuch).

Cornelia Boese/Linda Wolfsgruber, *Maria, Josef und das Kind*, Gerstenberg 2018 (Bilderbuch).

Anselm Grün/Giuliano Ferri, *Die Weihnachtsgeschichte*, Herder Verlag 2017 (Bilderbuch).

Ulrich Hub, *Das letzte Schaf. Nach einer wahren Geschichte*, Carlsen Verlag 2018 (eine ungewöhnliche Weihnachtsgeschichte).

Erich Jooß/Maren Briswalter, *Drei Könige*, Katholisches Bibelwerk 2017 (Bilderbuch).

Ingmar Wendland/Kerstin M. Schuld, *Erkläre mir die Osterzeit. Von Aschermittwoch bis Pfingsten*, Coppenrath Verlag 2014 (Bilderbuch).

Bücher, die den Gottesdienst erklären

Albert Biesinger, Helga Kohler-Spiegel (Hg.), *Was macht Jesus in dem Brot? Wissen rund um Kirche, Glaube, Christentum. Kinder fragen – Forscherinnen und Forscher antworten*, Kösel Verlag 2013.

Esther Hebert/Gesa Rensmann, *Unsere Sakramente. Heilige Zeichen für Kinder erklärt*, Don Bosco Verlag 2008.

Margret Nußbaum, *Komm, wir feiern heute Gottesdienst! Mein erstes Messbuch*, Coppenrath Verlag 2020 (Bilderbuch).

Zur Taufe

Antoinette Lühmann/Kerstin M. Schuld, *Erkläre mir die Taufe*, Coppenrath Verlag 2015 (Bilderbuch).

Sabine Zett/Evi Gasser, *Vom Taufen kriegt man nasse Haare*, Verlag Herder 2018 (Bilderbuch).

Zur Erstkommunion

Christl Keller/Heide Stöhr-Zehetbauer, *Rund um die Erstkommunion. Ein Familienbuch*, Mit einem Geleitwort von Gerhard Lohfink, Verlag Neue Stadt 2016.

Als Geschenk eignen sich auch gut die Krimis zur Erstkommunion, zum Beispiel:

Rosemarie Griebel-Kruip, *Die ›himmlischen‹ Freunde und der rätselhafte Spion. Ein Krimi zur Erstkommunion*, Coppenrath 2021.

Charlotte Grossetête, *Die himmlischen Freunde im Einsatz. Das gestohlene Engelsgemälde. Ein Krimi zur Erstkommunion*, Coppenrath 2019.

Über die Weltreligionen und zur Philosophie

Arnulf Zitelmann, *Die großen Weltreligionen*, Beltz & Gelberg 2009.

Martina Gorgas, Religionen. *Woran wir glauben* (= Was ist was, Bd. 105), Tessloff Verlag 2013.

Julia Knop, *Philosophie für Kinder. Die großen Fragen des Lebens*, Verlag Herder 2017.

Richard David Precht, *Warum gibt es alles und nicht nichts? Ein Ausflug in die Philosophie*, Goldmann Verlag 2011.

Links:

Kurze Videoclips zu Bibelgeschichten für Kinder: https://www.katholisch.de/video/serien/die-bibel-einfach-erzaehlt

Die Weihnachtsgeschichte aus dem Lukasevangelium: https://www.katholisch.de/artikel/1971-jesus-wird-geboren

Die Ostergeschichte: https://www.katholisch.de/artikel/12906-die-ostergeschichte-fuer-kinder-erzaehlt

Informationen zu den Aktionen der Sternsinger gibt es auf ihrer Homepage sternsinger.de. Hier finden sich auch Videos für Kinder mit dem Moderator Willi Weitzel, bekannt durch »Willi wills wissen«: https://www.sternsinger.de/kinder/willi-daheim-fuer-die-sternsinger/

Weitere hilfreiche Infos für Eltern: katholisch.de

OUTTAKES

Spekulatius im Sommer

Wir standen in einem österreichischen Supermarkt, kurzhosig, Pfirsiche kaufend und nach frischem Joghurt suchend. Es war der 23. August. Plötzlich fiel unser Blick auf ein Regal, das mit »Winterfreuden« überschrieben war. Darunter befanden sich Tüten mit Lebkuchenherzen, Zimtsterne und Kisten mit Spekulatius. Das Verblüffendste daran war: Die Reihen waren nicht mehr geschlossen, hie und da fehlte bereits eine Tüte oder ein Paket. Es gab offenkundig Menschen, die bei 28 Grad Außentemperatur Lust auf den Geschmack von Zimt, Anis und Kardamom hatten. Verblüffend, wirklich verblüffend. Wenn die Dominosteine bereits im September auftauchen, so finde ich dies schon reichlich früh und übertrieben. Aber mitten im August? Im Sommer? Zur Ferienzeit? Es dauert wohl nicht mehr lang und bald winkt uns der Osterhase ab dem 7. Dezember, also gleich nach Nikolaus, aus den Regalen zu.

Fasten im September

Auf etwas zu verzichten oder sich bei etwas einzuschränken, geht natürlich nicht nur in der österlichen Fastenzeit. In der Klasse unserer Ältesten waren die Themen »Snapchat« und »Tiktok« groß.

Nahezu alle Mädchen beschäftigten sich damit. Unser Kind wollte die Apps auch haben. Sonst sei man ja irgendwie außen vor und überhaupt. Mein Mann und ich sind sehr wählerisch, was diese digitalen Plattformen und Social-Media-Kanäle angeht.

Unsere Haltung kennen unsere Kinder natürlich. Der Großen haben wir WhatsApp erlaubt, da sich Fragen zur Schule im Klassenchat besser stellen lassen. Dafür haben wir Verständnis. Aber sie bemerkt bereits, wer zu viel und unnötiges Zeug schreibt. Jedenfalls kam die Snapchat-Diskussion auf und wir baten unsere Tochter, nachzudenken, welchen Mehrwert es ihr bringen würde und warum es unbedingt sein müsse. (Manchmal kann ein Mehrwert ein Spaßfaktor sein und wir wollen den Kindern nicht jeden Spaß verderben). Aber immer zu allem Ja sagen, um Ruhe zu haben oder nicht als »uncoole« Eltern zu gelten (keine Sorge, ab einem gewissen Alter sind Eltern ohnehin »uncool«), ist nicht unser Ding. Nach einer Weile, es war September, eröffnete uns unsere Tochter: »Ich brauche Snapchat nicht. Dann würde ich nur länger am Handy hängen und das will ich nicht.« Außerdem gab sie bekannt, höchstens 30 Minuten Bildschirmzeit durchschnittlich am Tag erreichen zu wollen. Bücher lesen, draußen sein, Freunde treffen, das sei doch alles viel wichtiger. »Man verpasst doch so viel, wenn man nur auf das Handy starrt«, fügte sie hinzu.

»Alle Achtung!«, dachte ich, »jetzt kommt das Bildschirmfasten im September.« Irgendwann wird sie wieder mehr am Handy sein. Irgendwann wird sie eine andere App haben wollen. Das ist normal. Da aber mein Mann und ich versuchen, bewusst mit Plattformen und Internetzeit umzugehen und uns selbst an die Nase zu fassen, wenn wir eine zu lange Bildschirmzeit hatten, erfahren die Kinder eine gewisse Reflexion zu diesem Thema. Ebenso wie wir über die Fastenzeit sprechen und der Meinung sind, dass es Körper und Geist guttut, eine Weile auf etwas zu verzichten. Auch das bekommen die Kinder bei uns mit.

Mitgliedschaften

Bei einem gemeinsamen Essen sagte unser Sohn unvermittelt: »Papa, wir sind doch alle Mitglieder im BVB. Warum bist du dann nicht Mitglied in unserer Kirche?« Es war klar, dass diese Frage irgendwann kommen würde. Die Kinder wissen, dass ihr Papa nicht getauft ist. Sie sehen aber auch, dass er oft mit in die Kirche geht und das Tischgebet immer mitspricht. Er lehnt unseren Glauben nicht ab. Die Kirchgänge oder das Beten waren für unseren Sohn Zeichen, dass der Papa Anteil nimmt. Ähnlich, wie wir gemeinsam BVB-Spiele im Fernsehen anschauen und mehrmals in Dortmund im Stadion waren. Unserem Kirchenverein beizutreten, dazu kann sich mein Mann nicht durchringen, und das sagte er auch den Kindern. Dass Kinder unterschiedliche Auffassungen der Eltern erfahren, finde ich nicht dramatisch. Zudem müssen wir unseren Glauben vor meinem Mann nicht rechtfertigen, und das ist sehr angenehm. Ob er irgendwann offiziell »Mitglied« wird, weiß der Himmel. Doch mir ist seine zugewandte Offenheit gegenüber dem Glauben sehr viel wert.

»Keks« in der Kirche

Als unsere Große vier Jahre alt war, ging sie einmal allein mit Papa in den Gottesdienst. Als sie heimkam, rief sie: »Mama, ich habe einen Keks bekommen.« Das erstaunte mich. Wie sich herausstellte, hatte mein Mann alles richtig machen wollen und war mit ihr zur Kommunion vorgegangen. Normalerweise bleibt er in der Bank sitzen und ich gehe mit den Kindern zum Pfarrer. Wenn die Kinder noch nicht zur Erstkommunion gegangen sind, erhalten sie den Segen und ein Kreuz auf die Stirn. Das wusste mein Mann damals aber nicht. Er hatte offenbar die Hostie erhalten. Zwar war ihm bekannt, dass diese nicht für ihn war, aber weil unsere Kinder so klein waren, hatten wir noch nicht über die Erstkommunion gesprochen. Mein Mann dachte also, da unsere Tochter getauft sei, sei die Hostie für sie bestimmt. Und so kam unsere Tochter zu ihrem »Keks«. Natürlich ist das so nicht gedacht, aber ich fand es auch nicht tragisch. Seither überlässt es mein Mann wieder mir, mit den Kindern zur Kommunion zu gehen.

Singen im Advent – und zum Einschlafen

In der Adventszeit hören oder singen wir alte wie neue Weihnachtslieder. So mischen sich »Dicke, rote Kerzen«, »In der Weihnachtsbäckerei« und »Morgen, Kinder, wird's was geben« mit Kirchenliedern wie »Wir sagen euch an, den lieben Advent« und »Macht hoch die Tür, die Tor' macht weit«.

Wir hören uns gern die Lieder an, die die Kinder im Kindergarten oder in der Schule singen, und singen sie manchmal auch gemeinsam. Aber genauso hören wir Chöre, die christliche Weihnachtslieder singen. Und ein paar davon singen wir ebenfalls manchmal mit den Kindern. Irgendwann stellte ich fest, dass sich Advents- oder Weihnachtslieder ganz hervorragend als Einschlaflieder eignen. Es gab eine Phase, in der sich unser Sohn, als er noch jünger war, etwas schwer mit dem Einschlafen tat. Wenn ich die üblichen Einschlaflieder durchhatte, er aber noch immer unruhig war, dann stimmte ich: »Mach hoch dir Tür« oder »Zu Bethlehem geboren« an. Auch im Sommer. Hat immer gewirkt. Daher sind die Kinder durchaus mit den Melodien vertraut. Man muss ja nicht gleich Weihnachtslieder zum Einschlafen singen, aber auch die Adventssonntage bieten sich an, mit den Kindern Kirchenlieder zu singen. Wäre doch schade, wenn sie nur die Kleckerei in der Weihnachtsbäckerei von Rolf Zuckowski kennen würden, auch wenn das natürlich ein Klassiker ist und jedes Kind ihn mitgrölen kann. Doch das gemeinsame Singen gehört zu den Gottesdiensten dazu. Ich freue mich jedenfalls immer, wenn Lieder angezeigt sind, die ich kenne. Das dürfte Kindern genauso gehen.

Corona

An einem Nachmittag im November 2020, wir liefen gerade zum Einkauf, blieben wir vor der Kirche stehen. Meine Tochter sah zur Turmuhr hinauf und bemerkte: »Mir werden die normalen Adventsgottesdienste und auch der Weihnachtsgottesdienst fehlen!« Ja, mir auch! Es ist in diesem Jahr nicht die Zeit für größere Versammlungen, bis auf den letzten Platz besetzte Kirchen, volle Weihnachtsmärkte. Fällt alles aus. Ein merkwürdiges Jahr. Und für manche, die jemanden verloren haben, keinen Job mehr haben oder einsam sind, ist es ein schlimmes Jahr. Hoffen wir, dass 2021 besser wird.

DANKE

Ohne die lockeren Sprüche, interessanten Feststellungen und tiefsinnigen Fragen unserer Kinder gäbe es dieses Buch nicht; und ohne die unterstützende Gelassenheit meines Mannes Christian auch nicht. Daher danke ich ganz besonders meiner Familie. Ihre freie, offene, pragmatische und zuweilen komische Herangehensweise hat mich erstaunt, gerührt und zum Lachen gebracht. Danke, meine Lieben!

»Meinen« Erstkommunionkindern danke ich für höchst aufschlussreiche und intensive Gruppenstunden. Bei meinen Eltern, Freundinnen, Freunden und Verwandten möchte ich mich für viele gute Gespräche über Gott und die Welt bedanken.

Dr. Martin Kuse-Isingschulte stand mir mit Expertenrat zur Seite, vielen Dank dafür.

Sehr herzlich danke ich meiner Lektorin, Dr. Johanna Oehler, die mich fokussiert und präzise bei diesem Projekt, das mir viel Spaß gemacht hat, begleitet hat. Das war eine großartige Zusammenarbeit! Außerdem danke ich Herder-Geschäftsführer Simon Biallowons für die Realisierung des Projekts, und ich danke meinem Agenten Michael Meller, der mich immer unterstützt.